Georg Michaelis
Weltreisegedanken

Reihe *Deutsches Reich – Schriften und Diskurse*
Reichskanzler, Bd. VI/II

Übertragung von Fraktur in Antiqua
und Nachdruck der Originalausgabe von 1923

Michaelis, Georg: Weltreisegedanken
Übertragung von Fraktur in Antiqua und Nachdruck der Originalausgabe
von 1923
Hamburg, SEVERUS Verlag 2012.

Reihe *Deutsches Reich – Schriften und Diskurse*
Reichskanzler, Bd. VI/II
Herausgeber: Björn Bedey

ISBN: 978-3-86347- 208-5
Druck: SEVERUS Verlag, Hamburg 2012

Der SEVERUS Verlag ist ein Imprint der Diplomica Verlag GmbH.

Bibliografische Information der Deutschen Nationalbibliothek:
Die Deutsche Nationalbibliothek verzeichnet diese Publikation in der Deutschen
Nationalbibliografie; detaillierte bibliografische Daten sind im Internet über
http://dnb.d-nb.de abrufbar.

© **SEVERUS Verlag**
http://www.severus-verlag.de, Hamburg 2012
Printed in Germany
Alle Rechte vorbehalten.

Der SEVERUS Verlag übernimmt keine juristische Verantwortung oder irgendeine
Haftung für evtl. fehlerhafte Angaben und deren Folgen.

Vorwort

zur Reihe Deutsches Reich – Schriften und Diskurse

Verehrter Leser,

aus der politisch-historischen Perspektive betrachtet, bezeichnet das Deutsche Reich den deutschen Nationalstaat in den Jahren von 1871 bis 1945. In dieser Zeitspanne von 74 Jahren – dem Lebensalter eines Menschen entsprechend – entwickelte sich der erste einheitliche Nationalstaat aller Deutschen von einer Monarchie (dem Deutschen Kaiserreich von 1871 bis 1918) über eine pluralistische, gemischt präsidialparlamentarische Demokratie (der Weimarer Republik von 1919 bis 1933) bis hin zu einer totalitären Diktatur (der nationalsozialistischen Herrschaft von 1933 bis 1945). Das Deutsche Reich hatte in diesem Zeitraum zwei Weltkriege zu verantworten.

Die politischen sowie persönlichen Erfahrungen und Handlungen der Deutschen in der Zeit des Deutschen Reiches waren und sind die historische Bürde, aber auch das historische Fundament der von den Siegermächten des Zweiten Weltkriegs 1949 gegründeten Bundesrepublik Deutschland. Auch für die seit 1990 bestehende Berliner Republik wirkt das Deutsche Reich immer noch nach und bestimmt auch die politischen Handlungsoptionen nachhaltig. Für das Verständnis unserer politischen Gegenwart und die Abwägung der Handlungsoptionen für die Zukunft ist die Kenntnis dieser Grundlagen unerlässlich.

Zeitzeugen aus dem Deutschen Kaiserreich und auch aus der Weimarer Republik leben nicht mehr. In wenigen Jahren werden auch die persönlichen Berichte aus der Zeit der Diktatur der Nationalsozialisten nur noch als audiovisuelle Aufzeichnung verfügbar sein.

Wer waren jedoch die entscheidenden Köpfe in dieser Zeit? Was bewegte die Herrschenden und die Opposition? Wie kam es zu den Entwicklungen? Diesen Fragen widmet sich diese Buchreihe, in der

Schriften aus der Zeit des Deutschen Reiches wieder verlegt und damit der Nachwelt für das authentische Quellenstudium zugänglich gemacht werden.

Gerade in unserem, dem sogenannten digitalen Zeitalter, ist die Gefahr der Vernichtung und vor allem der Verfälschung von Quellen so groß wie bisher in keiner anderen Phase der Neuzeit. Die Bibliotheken sind gezwungen, mit immer geringeren Budgets zu haushalten und können den Interessierten nur noch selten den Zugang zu den Schriftstücken im Original gewähren. Die Anzahl antiquarischer Bücher sinkt stetig aufgrund des altersbedingten Verfalls, der unvermeidbaren Zerstörung durch Unfälle und Naturkatastrophen sowie des Abhandenkommens durch Diebstahl. Viele Titel verschwinden zudem in den Regalen von Sammlern und sind für die Allgemeinheit nicht mehr zugänglich. Das Internet mit seinem vermeintlich unbegrenzten Zugriff auf Informationen stellt sich immer mehr als die große Bedrohung für Überlieferungen aus der Vergangenheit heraus. Die Bezugsquellen der digitalen Daten sind nicht nachhaltig, die Authentizität der Inhalte nicht gewährleistet und deren Überprüfbarkeit längst unmöglich. Die Digitalisierung von Bibliotheksbeständen erfolgt meist automatisiert und erfasst die Schriften häufig lückenhaft und in schlechter Qualität. Die digitalen Speichermedien wie Magnetplatten, Magnetbänder oder optische Speicher haben im Gegensatz zu Papier nur einen sehr kurzen Nutzungszeitraum.

In der vorliegenden Reihe Deutsches Reich – Schriften und Diskurse werden authentische Schriften und Reden der Reichskanzler, begleitende Texte Parlamentsabgeordneter und Ideologen der Parteien, sowie allgemeine politisch-historische Abhandlungen verlegt.

Reichskanzler
Georg Michaelis

Georg Michaelis, war vom 14. Juli bis 31. Oktober 1917 für dreieinhalb Monate der erste nichtadelige deutsche Reichskanzler.

Am 8. September 1857 wird Michaelis als Sohn eines Richters in Haynau in Schlesien geboren und wächst in Frankfurt an der Oder auf. Nach dem Abitur studiert er Rechtswissenschaften in Breslau, Leipzig und Würzburg. Das Referendariat beendet Michaelis 1879 in Berlin. Nach seiner Promotion 1884 in Göttingen lehrt er von 1885 bis 1889 auf Einladung der japanischen Regierung an der Schule deutscher Rechtswissenschaften in Tokio. Nach seiner Rückkehr nach Berlin macht Michaelis in den folgenden Jahren zuerst im preußische Justiz und folgend im inneren Verwaltungsdienst Karriere. Er heiratet die Tochter eines Fabrikanten und Rittergutbesitzers Margarete Schmidt, mit der er fünf Töchter und zwei Söhne hat. Im Jahr 1909 wird er Unterstaatssekretär im preußischen Finanzministerium und übernimmt nach Kriegsausbruch 1914 die Leitung der Reichsgetreidestelle. Schließlich wird Michaelis 1917 preußischer Staatskommissar für Volksernährung.

Die Oberste Heeresleitung setzt die Entlassung des Reichskanzlers Theobald von Bethmann Hollweg zum 13. Juli 1917 durch und bestimmt Georg Michaelis am 14. Juli 1917 zu dessen Nachfolger, ohne dies mit der Reichstagsmehrheit im Vorwege abzustimmen oder sie zu informieren. Die Ernennung des weitgehend unbekannten Michaelis kommt für die Politik und die Öffentlichkeit völlig überraschend. Nach kurzer Zeit zeigt sich, dass der unpolitische Beamte trotz einer bis dahin exzellenten Laufbahn mit dem Amt überfordert ist. Den Kontroversen um die Friedensresolution des Reichtages, der Friedensnote Papst Benedikts XV., der Reform des Dreiklassenwahlrechts und dem Umgang mit der USPD ist Michaelis nicht gewachsen. Nach dem Scheitern von Michaelis Bemühungen, nur das Reichskanzleramt abzugeben und Ministerpräsident Preußens zu bleiben, tritt er schließlich am 31. Oktober 1917 zurück. Das Angebot eines Ministerpostens im Kabinett des neuen Reichskanzlers Georg von Hertling lehnt er ab.

Von 1918 bis 1919 wirkt Michaelis als Oberpräsident in der Provinz Pommern. Nach dem Krieg tritt er in die Deutschnationale Volkspartei ein. Hauptsächlich engagiert er sich in der Deutschen Christlichen Studentenvereinigung und ist außerdem Mitglied der Generalsynode und des Kirchenrats der Altpreußischen Union. Die Aktivitäten sind von seinem christlichen Wirtschafts- und Lebensbild geprägt. So ist Michaelis Mitbegründer des Demeter-Verbandes für Naturprodukte. Wegen des Vorwurfes der Verhinderung der Friedensinitiative muss sich Michaelis 1926 vor einem Untersuchungsausschuss des Reichstags für sein Verhalten als Reichskanzler rechtfertigen. Am 24. Juli 1936 stirbt Michaelis in Bad Saarow in Brandenburg.

Die Würdigung Michaelis reicht von der Bedeutungslosigkeit bis hin zu großen Verdiensten im System der Kriegsernährungsorganisation. Michaelis war sicherlich ein Kind seiner Zeit, dessen Ansichten und Handeln antisemitisch, nationalistisch sowie protestantisch-pietistisch geprägt waren und der kurz in das Rampenlicht der Deutschen Geschichte trat.

Das vorliegende Werk „Weltreisegedanken" wurde 1923 veröffentlicht. Michaelis schrieb das Buch im Zusammenhang seines Besuchs der Konferenz des in 40 Staaten bestehenden Weltbunds Christlicher Studentenvereinigungen, die im April 1922 in Peking stattfand. Dort berichtete er über die Notlage deutscher Studenten und nutzte die Gelegenheit um vor einer internationalen Zuhörerschaft von der „Wahrheit und der Lüge über Deutschland zu zeugen".

Björn Bedey
Herausgeber der Reihe *Deutsches Reich: Schriften und Diskurse*

Einleitung

Ich hatte geglaubt, nach Abschluss des letzten Kapitels meiner Lebensgeschichte „Für Staat und Volk" die Feder aus der Hand legen und dann liegen lassen zu können. Mein Wunsch war, der deutschen Jugend, insbesondere der Studentenschaft zu dienen, ohne viel darüber verlautbaren zu lassen. Aber gerade die Verbindung mit der Studentenwelt hat mich noch einmal in die Öffentlichkeit gestellt und mich aus der stillen Arbeit des Lebensabends herausgerissen.

Im April 1922 sollte in Peking eine Konferenz der im Weltbund Christlicher Studentenvereinigungen zusammengeschlossenen Studentenschaften von 40 Staaten aller Erdteile stattfinden, zum ersten Male seit dem Weltkrieg. Deutschland wurde von vielen, namentlich den Ostasiaten, dringend eingeladen. Es war eine große Gelegenheit, vor aller Welt den Standpunkt lebendigen Christentums zu betonen und von der Wahrheit und der Lüge über Deutschland zu zeugen. Im zweiten Kapitel dieses Buches wird das Nähere hierüber gesagt werden. So machte ich mich zum zweiten Male auf die Reise um die Erde, nachdem ich vor 57 Jahren zum ersten Male den Weg nach Ostasien eingeschlagen hatte. Damals ein junger Mensch mit geringen Erfahrungen und Kenntnissen, aber lebensmutig und hoffnungsfroh. Jetzt in der Hochschule des Lebens durch fünf Jahrzehnte erzogen, mit dem Schicksal meines Volkes eng verknüpft, mit ihm auf die Höhe gestellt und zu Boden geschlagen, in der Verantwortung für Viele und schließlich für Alle im Volk hellsehend geworden für Licht und Schatten, für Segen und Fluch im Wollen und Tun der Einzelnen, der Klassen, der Gesamtheit –, fähig, ein Urteil nicht nur über uns, sondern über die Anderen zu wagen, die Freunde und die Feinde. So schrieb ich meine „Weltreisegedanken" auf. Niemand erwarte ein interessantes Reisebuch, Schilderungen von Land und Leuten, wie sie der Durchfahrende sieht, oder ein wirtschaftliches, politisches oder philosophisches Lehrbuch, systematische und erschöpfende Vergleiche der Fremden mit dem eigenen Volk oder dergleichen. Ich kam mir auf der Reise wie ein Instrument mit gespannten Seiten vor. Wenn der Hauch der Eindrücke darüber wehte, dann fing es an zu klingen, bald diese, bald jene Seite. Wenn sich verwandte Töne fanden, dann klang's in voller Harmonie. Aber auch Dissonanzen wurden fühlbar, für die es zurzeit noch keine Lösung gibt und wo nur die Hoffnung hilft auf eine bessere Zukunft.

Ich möchte, daß die Klänge aufgefangen, daß die Gedanken nachgedacht und fortgesponnen werden, daß namentlich wiederum die Jugend Freude an diesem Buche habe, und daß die Alteren, voran meine Zeitgenossen, mir nicht zürnen, wenn sie sehen, daß mir manches von dem, worin wir früher einig waren, fehlsam erscheint, ja, daß das furchtbare Erleben des Krieges und der Revolution in vielem die Lichtstellung änderte, unter der man die Dinge sah. Ich glaube vor der Unterstellung sicher zu sein, daß ich Zeitströmungen nachgebe, um mich ihnen anzupassen. Für mich erwarte ich von dieser Zeit nichts mehr. Aber ich erhoffe und erwarte es für die aufwachsende Generation, daß sie die Wege zum Aufstieg des Volkslebens findet, und ich möchte nach dem Maß meiner Kraft und Erkenntnis hierzu Wegweiser sein. Wir sehen mit Staunen, wie die Jugend unsere Zeit anders auffasst als wir Väter. Weil dies nicht nur in einzelnen Fällen geschieht, sondern eine allgemeine Erscheinung ist, die wir gerade bei den besten und tüchtigsten Söhnen in stärkstem Maße beobachten, muß eine innere Berechtigung dazu anerkannt und ihr nachgegangen werden. Die Alten müssen in ihren Sühnen die neue Zeit miterleben und trotz begreiflichem tiefen Schmerz über die Zerstörung vieler uralter, unendlich liebgewordener Werte den Blick mutig vorwärts zu richten suchen.

Am Schluß des Alten Testaments, im Propheten Maleachi Kapitel 3 Vers 23 und 24, steht im Rückblick auf die alte und im Hinblick auf die neue Zeit ein eigenartiges Wort: „Siehe, ich will euch senden den Propheten..., der soll das Herz der Väter bekehren zu den Kindern und das Herz der Kinder zu ihren Vätern, daß ich nicht komme und das Erdreich mit dem Bann schlage." Das Wort passt auch für den Wendepunkt der Geschichte in der Jetztzeit. Ein starres Festhalten der Väter am Alten, nichts hinzulernen und nichts vergessen wollen, wäre ebenso unheilvoll, wie ein autoritätsloses und undankbares Verachten der Vergangenheit und ein unhistorisches Aufbauen-wollen in jugendlicher Eigenwilligkeit. Über den Alten und über der Jugend steht, wenn sie sich nicht zueinander bekennen wollen, die Drohung des Weltenrichters: „Daß ich nicht komme und das Erdreich mit dem Bann schlage. "

Möchten meine „Weltreisegedanken" dazu dienen, die Brücke zu schlagen.

Saarow i. d. Mark, den 1. Oktober 1923   Michaelis

Inhaltsverzeichnis

1. Münsterland 18
Ausreise während des Februarstreiks 1922. Im Nothelfer-Zug nach Köln. Unfreiwilliger Aufenthalt in Holland. Schloß Hardenbroek. Besuch beim Kaiser in Schloß Doorn. Motorschiff „Münsterland", seine technischen Vorzüge, sein Bordleben. Aus Schnee und Eis in südlich warmes Klima. Gibraltar und Sierra Nevada. Port Saib und der Suezkanal. Das Rote Meer und der Indische Ozean. Tage in Singapore. Im Chinesischen Meer. Begegnung mit dem Schwesterschiff „Havelland". Starker Nordost-Monsun. Im Taifun. Bewährung von Schiff und Mannschaft. Glücklich in Hongkong.

2. Unsere Aufgabe 30
Geschichte des CSW (Weltbund christlicher Studenten-Vereinigungen). Ziele des CSW. Falsche Versöhnungsversuche nach dem Friedensschluß von Versailles. Die Lüge und die Wahrheit an der Arbeit. Der Plan der ersten CSW-Konferenz nach dem Kriege in Peking. Eine deutsche Delegation zur Konferenz. Ankunft in Shanghai. Ausschiffung und Antritt des Landweges. Im D-Zug nach Peking. Eintönigkeit der Landschaft. Die Ansicht eines chinesischen Forstmeisters über Deutschland und England. Als Gast im Waggon-Lit-Hotel in Peking. TsingHua-College. Amerikanische Professoren. Eröffnungsversammlung der Konferenz im Namen. Konferenz-Vorträge. „Forums". Ausreise der „Teams". Der aufsehenerregende Neger-Professor. Antrag: „Nie wieder Krieg! „Stellungnahme gegen die Pazifisten.

3. Das heutige China 44
China, das viertausendjährige Reich. Verassimilierung aller fremden Elemente. Die Verträge von Tientsin 1856 und 1860. Anerkennung fremder Delegationen. Kaiserin-Witwe Tsi-Hi. Vize-König Li-Hung-

Dschang. Ausraubung Chinas durch die Fremden. Neuzeitliche Revolutionierung. Bauern, Söldner und Gouverneure in China. Einfluss der akademisch Gebildeten. Stumpfheit der Massen. Gräberaberglaube. Großer Reformplan des Präsidenten Tsung-Ia-Tsen. Die Zukunft Chinas. Einheitliche Staatsgewalt und Volksrepräsentation, verbunden mit weitgehender Dezentralisation. Unmöglichkeit des demokratischen Gedankens nach amerikanischem Muster. Mangel der Verkehrswege. Schwerpunkt der Verwaltung und Regierung in den Provinzen. Notwendigkeit der Hebung der Volksbildung. Erziehung Zu produktiver Land- und Forstwirtschaft. Änderung des Kreditwesens. Starker Trieb der Jugend nach westlicher Bildung. Allmählicher Ausbau der Volksrechte.

4. Amerika in China 54
Friedliche Eroberung Chinas durch Amerika. Die YMCA.s (Young Men's Christian Associations) als Kulturträger. YMCA-Häuser. Wirkung der Kulturarbeit auf das wirtschaftliche Leben. YMCA-Sekretäre – Ölagenten von Rockefeller? Verquickung von Demokratie und Reich Gottes. Statistik der Christianisierung. „Swim–swim–swim." Sport der chinesischen jungen Männer. Erziehliche und reinigende Wirkung gesunden Sports. Freiheit vom Alkohol. Der Alkoholismus in Deutschland. Fürsorge der YMCA.s. auf hygienischem Gebiet. Dr. Peter, der Leiter des Hygienischen Büros in Shanghai. Praktischer Kampf gegen Cholera, Tuberkulose und Kindersterblichkeit. Fabrikfürsorge der YMCA.s. Die Dankbarkeit der Chinesen. „Amerika das idealste und friedlichste Land der Welt."

5. Die Deutschen in China 64
Die Lüge über Deutschland. Der Einfluss der Mitglieder amerikanischer christlicher Organisationen auf den Krieg. Begeisterte Kundgebung für die deutsche Delegation im Tsing-Hua-College. Nüchterne Auffassung der Chinesen über die Kriegsschuld. Rückstrom

Deutscher nach China. In Shanghai 800 Deutsche. Shamin, das den Deutschen verschlossene Fremdenviertel in Canton. Entstehung des neuen Fremdenviertels. Einfluss des niedrigen Standes der deutschen Mark auf den Export. Starker Import deutscher Güter in China. „Matten-König" Shun-Man in Canton, der treue Deutschenfreund. Chinesische Gastmähler. Deutschlands Stellung auf dem Gebiet von Wissenschaft und Unterricht. Das Medical- und das Technical-College in Shanghai unter deutscher Leitung. Wichtigkeit der Auswahl der geeigneten deutschen Dozenten. Schädliche Eigenart deutschen Wesens im Auslande. Vertrauen und Wissbegierde der chinesischen Studenten bei deutschen Vorträgen im Tsing-Hua-College. Interesse für die soziale Frage. Von den Studenten erbetener Vortrag „Germany before, during and after the war".Die deutsche Studentenschaft im Kriege und nach dem Kriege. Das Durchringen zu produktiver Lebensauffassung. Die Stärke deutschen Kulturlebens in Zeiten der Not. Die wirtschaftliche Not der deutschen Studentenschaft. Verwandtschaft der Erlebnisse, der Empfindungen und der Gedanken chinesischer und deutscher Studenten. Das Unzulängliche der amerikanischen Kulturarbeit gegenüber dem tiefsten Chinesentum. Nüchterne Auffassung des Christentums und seiner Betätigung in Amerika. Mangelndes Verständnis für das Kulturleben Ostasiens bei den auswärtigen Behörden in der Vorkriegszeit. Richard Wilhelm in Peking, ein Mittler zwischen deutschem und chinesischem Geist. Unterredung mit dem Gouverneur von Kanton Cheng Chiung Ming über die Aussendung chinesischer Studenten nach Deutschland. Stellung der deutschen Studenten zu ausländischen. Notwendigkeit

6. Debatten über Kriegs- und Friedensschuld....................87
Die „Feststellung" der Kriegsschuld. Völkerkriege, die Auswirkung der Wirtschafts- und Ernährungsverhältnisse. Schuldphrasen. Die internationalen Finanzmächte als eigentliche Drahtzieher der Völkerschicksale. Das oberschlesische Beispiel und die neuesten

Vorgänge im Ruhrgebiet. Aufklärungsarbeit über die Kriegsursachen in Peking. Irrtümliche Beschuldigung des Imperialismus und Militarismus. Mangelnde Wirksamkeit der „Kriegsschuld-Literatur". Festnagelung der Lügen von Versailles vor dem Generalkomitee in Peking am 12. April 1922. Widerlegung der Anschuldigung Deutschlands als Kriegsstifter aus der Schilderung der Ernährungslage heraus. Verständnisvolle und sympathische Stellungnahme der Komiteeteilnehmer zu den Aufklärungen über die alleinige Schuld Deutschlands. Die Wirkung der Ansprache in Ostasien. Die vierzehn Punkte Wilsons und was daraus geworden ist. Das Saargebiet. Deutsche Sklavenarbeit. Die sittliche und religiöse Verelendung des deutschen Volkes. Die Verantwortung der Feindstaaten vor Gott.

7. Das Pekinger Konferenzthema:
„Der wirtschaftliche Wiederaufbau".................. 106
Das Interesse der chinesischen Studenten an der Frage des Wiederaufbaus. Die soziale Frage. Das Wesen des Kapitalismus und des Mammonismus. Beseitigung des Privateigentums. Der Versuch sozialistischer Wirtschaftsordnung in Deutschland während des Krieges. Die Reichsgetreidestelle. Die wirtschaftliche und sittliche Unmöglichkeit kommunistischen Lebens. Spiel freier Kräfte oder Gemeinwirtschaft. Gefahren des Reichtums ohne Arbeit. Der reiche Erbe und die reiche Erbin. Unzulänglichkeit der früheren Versuche der Lösung sozialer Fragen. Lösung unter Ausgestaltung und Vertiefung des Genossenschaftsgedankens. Beteiligung der Arbeiterschaft am Gedeih und Verderb des Unternehmens. Der friedenstiftende Charakter der Genossenschaften. Schonung des Privateigentums bei Lebzeiten des Eigentümers. Scharfe Erfassung der Nachlassenschaften. Gemeinwirtschaftlicher Betrieb industrieller Unternehmungen unter Beteiligung der Arbeitergenossenschaften. Besonderheiten der Frage auf landwirtschaftlichem Gebiet. Christentum und Sozialismus. Nicht

Sozialismus, sondern Gemeinwilligkeit. Die Gedanken des Dr. Sun Dar Sen über Kapitalismus und Sozialismus in China

8. Alt- und Neu-Japan 133
Der Dampfer „Golden State" auf der Fahrt nach Kobe. Der Besuch des englischen Kronprinzen in Ostasien. Das neue Kobe. „Tor"-Hotel. Alte und neue Häuser. Der Garten des Baron Kawasaki. Die alte Hauptstadt Kioto. Die Paläste des Kaisers. Der „Himmelsfürst der erleuchteten Regierung". Tempelstadt Nara. Industriestadt Osaka. Die Entwicklung Japans vom Agrar- zum Industriestaat. Japans Konkurrenz in Europa und Amerika. Die schädlichen Folgen im Wirtschaftsleben durch den Kriegsgewinn. Die Gefahren für Japans Zukunft. Teuerung in Japan. Das modernisierte Tokio. Alte und neue Kunstgenüsse. Erkrankung in Tokio. Der Dampfer „Shinyo Maru" auf seiner Fahrt nach San Franzisko. Geselliges Leben an Bord. Honolulu. Ankunft in San Franzisko.

9. Amerika 153
Militarismus in Amerika. Die Universität Birkley. Amerikanische Reporter. Zeitungswesen. Das Cliff House am Großen Ozean. Im Pullmanwagen durch Sierra Nevada und das Gebiet der Einöde. Über Denver nach Chicago. Chicago, das Durchgangstor vom Osten zum Westen. Die Deutschen in Chicago. Gründe des Umschlags der Stimmung gegen Deutschland während des Krieges. Mangelnde Erfassung der politischen und Kulturaufgaben durch die Deutschen in den Vereinigten Staaten. Die „Trockenlegung" Amerikas. „Recreation peer" in Chicago. Fürsorge für Chinesen, Italiener und andere. Unterschied der politischen Denkungsart bei Amerikanern und Deutschen. Der Bewässerungspastor. Does it pay? Lincolns Parole: „Alles durch das Volk, aus dem Volk und für das Volk". Amerika, das Land des hervorragenden Durchschnitts. Die wahre Demokratie. Das „Größte in der Welt". Die Niagarafälle. Das Astor-Hotel in Neuyork.

Deutschen. Der Bewässerungspastor. Does it pay? Lincolns Parole: „Alles durch das Volk, aus dem Volk und für das Volk". Amerika, das Land des hervorragenden Durchschnitts. Die wahre Demokratie. Das „Größte in der Welt". Die Niagarafälle. Das Astor-Hotel in Neuyork. „Licht dein Erwerb, Unruh' dein Erb'„. Rückfahrt auf „George Washington". Wieder in Saarow.

Erstes Kapitel

Münsterland

Im Anfang Februar 1922 war Verkehrsstreik in Deutschland. Alle Eisenbahner, die Arbeiter, die Angestellten und ein größerer Teil der Beamten waren im Ausstand. Das Motor-Seeschiff „Münsterland" der Hamburg-Amerika-Linie, mit dem wir die Ausreise nach Ostasien machen wollten, sollte in den ersten Tagen des Februar von Hamburg und spätestens am 9. Februar von Rotterdam abfahren. Dort wollten wir an Bord gehen. Da war guter Rat teuer. Wie sollten wir nach Rotterdam kommen? Nach schwer nachzuprüfenden Nachrichten sollten hin und wieder Nothelferzüge laufen. Da galt's, das Glück zu versuchen.

Am 6. Februar nachmittags brachen wir von Saarow auf. Tiefer Schnee lag auf den Feldern und dem fest gefrorenen See. Um 4:30 Uhr hielt der Schlitten vor dem Gartentor. Die Kinder umstanden den Schlitten. Und wenn auch alle einen mutigen und abschiedsgetrosten Eindruck machen wollten, es war doch ein schweres Scheiden von Vater und Mutter – so aufs Ungewisse hin, über See, um die Wett, in Länder, wo bisherige Feinde wohnten. Und die Jüngste, die Zärtlichste, beugte sich von hinten über den Schlittenrand und zog meinen Kopf an sich, und ich fühlte stets, wenn ich unterwegs an sie dachte, das leise Beben ihrer tränenfeuchten Wange. Dann ging's mit Schellengeläut hinaus auf die Weltreise.

Auf dem Bahnhof in Fürstenwalde ein Kriegsbild. Im Wartesaal zweiter Klasse ein Polizei-Schutzkommando: ein Hauptmann mit dreißig Mann. Sie patroullierten von hier aus in der Richtung nach Frankfurt und Berlin, daß nicht Sabotage auf der Strecke verübt würde. Das elektrische Licht war abgestellt, auch die Elektrizitätsarbeiter streikten aus Sympathie für die Eisenbahner. Nachts um 11 Uhr sollte ein Nothelferzug gehen, den erwarteten wir. Er kam auch leidlich pünktlich an, aber nachdem wir eingestiegen und kaum eine Viertelstunde gefahren waren – halt! Falsches Gleis – ein Güterzug stand vor uns. Endlich, um 2:30 Uhr, nach unbehaglichen Stunden im eiskalten Abteil, setzte sich der Zug in Bewegung und lief um 4 Uhr morgens auf Bahnhof Friedrichstraße ein. Alles dunkel – keine Hilfe für das Handgepäck. Das große Gepäck war zum Glück schon vor zwei Wochen nach Hamburg aufs Schiff geschafft. Im Central-Hotel fanden wir Unterkunft und für einige Stunden erwärmende Ruhe. Am anderen Morgen stieß unser Reisebegleiter, Professor Karl Heim aus Tübingen, zu uns. Um 11 Uhr sollte wieder ein Nothelferzug nach Köln gehen. Das war eine Hast. In drangvoller Enge, mit acht Stücken Handgepäck, übereilt verpackt, im Seitengang des D-Zuges, bei hartem Frost, in der Nähe einer zerbrochenen Fensterscheibe. Große Rücksichtslosigkeit der sitzenden Klasse, die schon auf dem Schlesischen Bahnhof sich Plätze gesichert hatte, gegen die Sitzlosen. Allmählich sackte sich die Belegschaft des Zuges. Aber dieser letzte Tag in Deutschland war nicht schön. Die Fahrt nach Köln dauerte dreißig Stunden. Auf der Maschine war als Führer ein älterer Student der Maschinenbauschule als Nothelfer. Er machte seine Sache ganz wacker, aber in der Nacht mussten wir vor den Stationen halten, die Weichen mussten vom Schnee freigeschaufelt werden, Signale gab es nicht. Bewundernswert war die Leistung des Speisewagen-Personals. In der Nacht um 11 Uhr rief der Kellner mit matter Stimme die Gänge entlang: „Bitte Platz nehmen zum siebenten Mittagbrot." So ging's bis an die Grenze des besetzten Gebiets in steter Unruhe und Sorge ums Weiterfahren. Ich habe nie geglaubt, daß es möglich wäre, die feindliche Besatzung im Rheinlande anders als mit Ingrimm festzustellen. Damals fühlten wir uns erleichtert, als wir in den Bereich der feindlichen Macht kamen; damit hörte die Macht der Streikleitung auf. Der Zug fuhr glatt und mit Schnellzugsgeschwindigkeit weiter. Es wollte wie ein verzweifeltes Abschiedsgefühl mich beschleichen: Gott sei Dank, einmal für ein halbes Jahr den trüben Verhältnissen entrückt zu sein! Aber sofort packte mich wieder das tiefste Mitleid mit dem armen gequälten Vaterland und Volk, und nur der Gedanke machte die Ausreise erträglich, daß der Aufenthalt im fernen Osten dazu dienen sollte, dem Vaterland zu nützen, die Lügenwolke, die um es her lagerte, zerstreuen zu helfen und der Wahrheit eine Gasse zu erobern.

Von Köln ging's glatt über Bentheim nach Holland hinein, und abends um 10 Uhr waren wir in Rotterdam und genossen in dem behaglichen „Hotel Weimar" den Komfort und Reichtum eines vom Kriege verschonten Landes. Am nächsten Morgen belehrte uns ein Besuch bei dem holländischen Agenten der Hamburg-Amerika-Linie, daß nicht daran zu denken war, an diesem Tage die Ausreise anzutreten. „Münsterland" wäre noch gar nicht in Rotterdam eingetroffen, der Streik hätte die Güterzufuhr in Hamburg verzögert. Auch in Rotterdam würde das Schiff noch einige Tage liegen müssen, so daß wir etwa eine Woche unfreiwilligen Aufenthalt in Holland haben würden. Das war darum so bedenklich, weil die Konferenz in Peking, zu der wir reisten, für den 1. April angesetzt war, und vorher an einigen Tagen noch wichtige Vorbereitungen im Kreise des Generalkomitees, das die Konferenz veranstaltete, stattfinden sollten. Es lag die Gefahr vor, daß wir zu spät kommen würden. Diese Spannung hat uns denn auch während der ganzen Fahrt begleitet, und es gehörten große Selbstbeherrschung und Vertrauen dazu, nicht ungeduldig zu werden.

Auf die telephonische Nachricht von unserem Missgeschick luden uns die holländischen Freunde von der Niederländischen Christlichen Studentenvereinigung ein, die Wartezeit in Schloß Hardenbroek zu verbringen. Schloß Hardenbroek ist ein in der Gemeinde Driebergen, zu der auch Schloß Doorn, der Wohnsitz Kaiser Wilhelms gehört, schön gelegenes Heim der Niederländischen Christlichen Studentenvereinigung. Von einem Schloßteich rings umgeben, hebt sich der stattliche Bau aus der weiten Ebene hervor. Eichen- und Buchenbestände unterbrechen die Wiesen und Felder. Die Entwässerungskanäle durchziehen das Land, aber zahlreiche Brücken verbinden die Ufer, und jetzt, im Eise, sind die stillen, unter Wind gelegenen Wasserarme die herrlichsten Verbindungswege für die Schlittschuhläufer. In der weiten Schneefläche liegen die behaglichen reichen Gehöfte der Bauern und Schloßherren, und wenn die Sonne am Abendhimmel hinabsteigt, verklärt sie die Landschaft in violettem Licht. Alle Menschen sehen so gesund, strotzend und zufrieden aus. Hier sieht man erst, wie arm und wie heruntergekommen wir Deutschen sind.

Eine halbe Stunde Wagenfahrt von Hardenbroek liegt Schloß Doorn. Ich melde mich telephonisch beim Begleiter des Kaisers, dem Grafen Moltke, an. Der Kaiser ließ mich bitten, am nächsten Tage in Doorn zu essen, obwohl er heute noch erkältet im Bett läge. Sein Bruder, Prinz Heinrich, und seine Schwester, die Prinzessin von Hessen, seien da. Schloß Doorn ist ein geschmackvoller, geräumiger Bau, in einem herrlichen, riesigen Park gelegen. Wundervoller Baumbestand wechselt mit weiten Grasflächen. Der Park ist von einem Drahtzaun umgeben, wie ihn die zahlreichen großen Schloß- und Villenparks in der Gemeinde Driebergen fast alle aufweisen. Die Einfahrt zum Park und zum Schloß führt durch ein vom Kaiser erst errichtetes Beamten- und Wachthaus, in dem eine scharfe Kontrolle geübt wird. Sonst erinnert nichts an die Unfreiwilligkeit des Aufenthalts.

Der Kaiser war noch bettlägerig, aber durch den Prinzen Heinrich sandte er mir seitte „Geschichts-Tabellen" herunter, die ich mit nach China nehmen sollte, und nahm indirekt an meiner Reise Anteil. Die Form des Beisammenseins, der Tafelschmuck, die Besetzung des Tisches, ja auch die Unterhaltung war wenig verändert. Man scheint am Alten peinlich festzuhalten.

Endlich, am 17. Februar nachts, fuhren wir von Rotterdam ab. Das Motorschiff „Münsterland" machte seine erste Reise. Es ist ein Frachtschiff mit nur wenigen Kabinen; nur 15 Passagiere waren an Bord. Eine Klasseneinteilung gibt es nicht. Das Schiff hat zwei 4200-PS-Motoren, die ursprünglich für einen Unterseekreuzer in Augsburg-Nürnberg gebaut waren. Aller Betrieb an Bord ist elektrisch. Die Ölfeuerung bedeutet eine starke Raumersparnis. Für die Kohlenfeuerung eines Dampfschiffes von der Größe der „Münsterland" würden täglich 55 Tonnen Kohlen erforderlich sein. Auf „Münsterland" wurden dagegen täglich nur 14 Tonnen Öl gebraucht. Das Heizerpersonal, auf Motorschiffen „Schmierer" genannt, bestand nur aus 3 Mann, während für Kohlenfeuerung 20 erforderlich gewesen wären. Der Maschinenraum ist ein großer, lichter Schacht durch 3 Stockwerke, der nur wenig wärmer ist als die umliegenden Räume. Der Heizerdienst hat sein Schauriges verloren. In dem einzigen vorhandenen Schornstein steigen nur die leichten Rauchwölkchen der Küche in die Luft. Das Schiff ist voll beladen. 600 Tonnen Roheisen für Tokio, Formeisen und Draht für Shanghai, Bandeisen, Farben (Anilin), Maschinen und Bier für China und Japan, und Zucker, der dann in Singapore ausgeladen wurde. Die Offiziere vom alten Schlag, wandelnde Garanten der Seetüchtigkeit und unermüdlichen Pflichtbewusstseins, dabei vortrefflich gebildete Gesellschafter und Unterhalter. An der Spitze, auch in all diesem, der Kapitän Buch. Die Mannschaft nicht mehr so einheitlich und innerlich geschlossen wie früher, aber die monatelange Fahrt mit gleichen Pflichten und Gefahren, das Gefühl der Zusammengehörigkeit in fremden Häfen gegenüber dem oft noch unfreundlichen Gebaren der Kriegsgegner schließt zusammen. Der Einfluß von ein oder zwei Hetzern, die anfangs zu Unbotmäßigkeiten aufzustacheln suchten, wird durch den Geist der Ordnung und Kameradschaft überwunden. Der mechanische Achtstunden-Arbeitstag erweist sich auch hier als eine Behinderung und Erschwerung des Dienstes und als eine sittliche Gefahr namentlich für die Schiffsjungen. Stundenlanges tatenloses Herumsitzen, Zigarettenrauchen und Faule-Witze-Machen. Aber schon hier sei rühmend hervorgehoben, daß in Stunden schwerster Gefahr alle ihre Pflicht taten. Die wenigen Passagiere bilden mit den Offizieren eine Familie, alle Mahlzeiten werden gemeinsam eingenommen. Von der Eleganz und der Schwelgerei der großen Salondampfer ist hier nichts zu spüren. Nur ein gemeinsamer Raum steht zur Verfügung als Schreib-, Rauch-, Lese- und Musikraum, wobei ein Phonograph die Schiffskapelle, den Bechsteinflügel usw. ersetzen will. Aber eine sorgfältig zusammengestellte Bücherei hilft aus, wenn der eigene Lesevorrat erschöpft ist. Die Küche ist vortrefflich und reichlich, auch für die Mannschaften. Ja, uns an schmale Kost Gewöhnten dünken schon die täglichen mehrmaligen Fleischgerichte, die feinen Backwaren und Torten als unerhörte Schlemmerei.

Und einen ganz besonderen Vorzug hat eine solche Fahrt von wenigen Passagieren bei ihrem regen Verkehr mit den Schiffsoffizieren und Mannschaften. Während auf den großen Salondampfern die nautischen Erlebnisse dem Fahrgast unbekannt bleiben, er vom Schiffsbetriebe und den seemännischen Beobachtungen nichts gewahr wird und wie in einem großen schwimmenden Hotel dahinfährt und Abwechslung und Unterhaltung durch Konzerte, Kinos, Bälle, Sportveranstaltungen und Spiel erwartet, teilen wir auf „Münsterland" alle Freuden und Gefahren, Leiden und Abwechslungen des Meeres, des Himmels und der Küste, der Häfen und der Ladung mit den verantwortlichen Männern. Kein Wechsel der Meeresströmung tritt ein, ohne daß wir nicht gemeinsam die Wirkung auf die Tagesleistung feststellen, keine Küste erscheint am Horizont, kein Leuchtfeuer an den gefährlichen Punkten, die wir nicht auf der Karte aufsuchen und mit Namen kennenlernen. Kein auftauchender Wal mit seinen Wasserfontänen, keine spielenden Delphine, zu deren Besichtigung nicht aufgerufen würde. Und wenn besonders interessante Punkte, wie Gibraltar, nur nachts im elektrischen Licht zu sehen sind, oder der Sinai in der Morgendämmerung erscheint, dann weckt der Kapitän Buch wohl seinen Nachbarn, den Professor Heim, höchst persönlich, damit die Sehenswürdigkeit ihm nicht entgeht. Uns Dreien hatte er in liebenswürdiger Weise in den Vormittagsstunden seinen Wohnraum, einen geschmackvollen kleinen Biedermeiersalon, für unsere gemeinsamen Arbeiten, die Vorbereitung auf die Peking-Konferenz, zur Verfügung gestellt. Da haben wir uns täglich in den langen 6 Wochen, soweit nicht die Seekrankheit meine Frau und den Professor Heim hinderte, für die Aufgaben zu rüsten gesucht, die unser im Osten harrten.

So fuhren wir vom 17. Februar bis 2. April auf unserem schwimmenden Deutschland durch die See, aus dem kalten Norden bis südwärts zum Äquator und wieder nördlich in kühlere Regionen. Im Kanal knirschten noch die Schollen am Bug, und eisige Nebel hüllten uns ein. Nur mit dicken Mänteln und Pelzen bewahrt konnten wir auf Deck gehen. Aber bald ging's nach Süden um die westlichste Ecke Frankreichs herum in den Busen von Biskaya, der unerwartet ruhig war, und schon auf der Höhe von Portugal konnten die Pelze und Wintermäntel mit leichteren Hüllen vertauscht werden. Als wir durch die Meerenge von Gibraltar ins Mittelmeer einbogen, lag die spanische Südküste, die wundervolle Sierra Nevada, zwar noch mit tiefem Schnee bedeckt, im strahlenden Sonnenschein zu unserer linken Seite, aber auf dem Meer war es schon sehr warm, 5 Tage, nachdem wir Rotterdam im Eis verlassen hatten.

Nach elftägiger ununterbrochener Fahrt machten wir den ersten Halt in Port Said, dem Nordausgangshafen des Suez-Kanals. Hier wurde uns zum ersten Male zum Bewusstsein gebracht, daß wir nur in einem Scheinfrieden leben. Englische Kontrolloffiziere erschienen an Bord, revidierten aufs genaueste unsere Papiere, und es wurde den Passagieren und Mannschaften nicht gestattet, an Land zu gehen. Nur der Kapitän und der Zahlmeister hatten die Erlaubnis, und mein „großer" Pass des Auswärtigen Amts bewirkte eine Ausnahmeste.

Eine andere empfindliche Beeinträchtigung des deutschen Schiffsverkehrs beruht auf den den Deutschen bereiteten Schwierigkeiten, sich als Schiffsagenten niederzulassen. Das Schiff war in den von uns angelaufenen Häfen, außer in Shanghai, auf die Dienstleistungen englischer Agenten angewiesen, und wenn gegen deren Auftreten auch nichts Erhebliches einzuwenden war – sie verdienten ja auch Geld an uns –, so war doch das Bewusstsein dieser Beeinträchtigung, für die irgendein Rechtsgrund nicht ersichtlich ist, eine schwere Demütigung, um so schwerer, weil wir völlig machtlos dagegen waren. Nach wenigen Stunden Aufenthalt ging's nachts in den SuezKanal hinein. Und als wir am frühen Morgen hinauf auf Deck gingen, war zum ersten Male das Land des Orients uns nahegerückt. Der Kanal ist ja so schmal, daß man bei der langsamen Fahrt, die vorgeschrieben ist, jeden Baum, jede Hütte, jedes Zelt und Haus dicht neben sich hat und genau betrachten kann. Seitdem ich vor 33 Jahren durch den Kanal fuhr, hat er sich mannigfach verändert. Der längs der Westseite geleitete Süßwasserkanal hat eine üppige Palmenvegetation hervorgezaubert, die die Trostlosigkeit der Wüstenöde unterbricht, und die Niederlassungen und Städte am Kanal, namentlich Ismailia und die anglichen Gehöfte am Saum, sind mit Gärten geschmückt. Hinter Ismailia und seinem Binnensee ist alles noch öde, und namentlich zur linken Seite, nach Arabien hin, entrollt sich nur das gewaltige Bild der Wüste mit dem dahinter gelagerten Sinai. Und wenn rechts, im Westen, die Sonne in die Libysche Wüste versinkt, erscheint alles in rötlich-violette Färbung eingetaucht, und das Sand- und Felsenmeer liegt da, wie es vor Jahrtausenden dalag, als Moses mit dem Volk Israel hindurchzog. Das Bild bekam Leben. Als wir das unendliche Einerlei mit dem Fernrohr absuchten, lösten sich näherkommend mehrere Karawanen aus, die aus verschiedenen Richtungen nach der Stadt Suez strebten. Zur Gebetsstunde bei Sonnenuntergang hielten die Züge der Kamele, die Reiter glitten zur Erde, breiteten die Gebetsteppiche aus, knieten in der Richtung nach Mekka nieder und hielten stille Andacht.

Achtzehn Tage ohne Aufenthalt dauerte die Fahrt, erst durch das Rote Meer, dann über den Indischen Ozean nach Singapore. Ein Tag verlief wie der andere. Es wurde schon recht heiß. Die Nächte in den Kabinen waren nicht sehr erholsam und ausruhend. Aber am Tage in der frischen Seebrise auf Deck zu liegen und im leisen rhythmischen Bewegen des Schiffes eingewiegt zu werden, war köstliche Entspannung der Nerven und Ausruhen nach aufregender Zeit. Allabendlich trafen sich die Fahrgäste am Heck des Schiffes zum Untergang der Sonne. Gerade in der verlassenen Fahrtrichtung versank sie im Meer, um daheim den Morgen einzuleuchten, und während der kurzen Dämmerung war der westliche Himmel in Glut getaucht. Täglich versank die Heimat um weitere dreihundert Meilen hinter uns, und der Abend galt in besonderer Weise den Lieben daheim. Morgens richteten sich wieder die Gedanken und die Arbeit nach vorwärts, nach Osten, und oft ging's uns zu langsam. Zweifel tauchten auf, ob wir zur Zeit das Ziel erreichten. Doch ging's in Singapore, wo wir neue Schwierigkeiten befürchtet hatten, schnell weiter. Die Woche vorher hatten die Mannschaften das Schiff in allen seinen Teilen gesäubert und geputzt, hatten jede Stange, jede Leiter, das Eisendeck und die Luftschächte noch einmal frisch gestrichen, und da das Schiff bei völlig ruhiger See im Indischen Ozean auch nicht eine kleine Sturzwelle bekommen hatte, sah es strahlend wie ein vergrößertes Reklamemodell aus dem Schaufenster aus. So liefen wir im Hafen ein und machten an einem bequem zur Stadt gelegenen Bollwerk fest. Viele Menschen aus der Stadt, auch Europäer fremder Nationen, besahen das schmucke Schiff, nicht alle mit wohlwollenden Augen. Ein Teil der Ladung wurde gelöscht, meist für Niederländisch-Indien. Andere massenhafte Frachtladung war angemeldet, und das Schiff konnte nicht alles aufnehmen. Der Kapitän gab die Weisung, daß er am zweiten Tage, nachmittags 4 Uhr, die Luken schließen lasse, was dann nicht eingebracht sei, müsse liegenbleiben, und um 5 Uhr fahre er ab. Und fast auf die Minute ließ er die Taue losmachen und fuhr ab.

Der pünktliche, zuverlässige Betrieb hinterließ den besten Eindruck. Wir waren dankbar für diesen wenn auch nur bescheidenen Erfolg. Man lebte sich ganz schüchtern in die Hoffnung ein, daß es mit der deutschen Schiffahrt, mit dem deutschen Handel, mit der ganzen deutschen Wirtschaft bald wieder vorangehen werde. Und als wir am Tage darauf das Schwesterschiff „Havelland" trafen und uns mit ihm grüßten, da war die Erinnerung an die Begegnung der beiden Schwesterschiffe „Preußen" und „Bayern" bei meiner Rückkehr nach Deutschland im Jahre 1889 auf derselben Strecke neu erwacht, und wenn auch alles so anders war als damals, so schlug das Herz doch höher, und ein fernes Morgenrot schien aufzuleuchten: es wird alles wieder gut. Auch die Schwierigkeiten unserer Reise glaubten wir bald überwunden. Nur fünf Tage sollte die Reise nach Hongkong dauern. Das Gröbste mußte ja nun vorbei sein.

Aber es sollte anders kommen. Ein ziemlich starker NordostMonsun setzte schon am zweiten Tage hinter Singapore ein und wurde ganz allmählich stärker und stärker. Aus der Zeit meines ersten Besuches in Ostasien waren mir die Taifune bekannt, die in den chinesischen und japanischen Gewässern zu manchen Zeiten wehen. Ich fragte den Kapitän, ob die Möglichkeit bestände, daß auch in dieser Jahreszeit ein Taifun aufkäme. Er holte die Sturmtabellen vor, und wir stellten fest, daß zuletzt im Jahre 1898 am 25. März ein Taifun in dieser Gegend des chinesischen Meeres vermerkt war. Seitdem waren 24 Jahre vergangen, und wir glaubten, daß wir gegen die Wiederholung dieses seltenen Falles sicher seien. Aber am 25. März verstärkte sich der Monsun zum wildesten Sturm, und die drahtlosen Nachrichten ließen keinen Zweifel darüber, daß wir in das Gebiet eines Taifuns hineingerieten. Ununterbrochener wolkenbruchartiger Regen war die schlimmste Begleiterscheinung des gewaltigen Drehsturms. Das Wetter wurde völlig unsichtig, der Sturm brauste mit solchem Getöse, daß wir die Nebelsignale anderer Schiffe nicht mehr hören konnten. Ohne jede Möglichkeit der Orientierung musste sich das Schiff seinen Weg durch die furchtbar erregte See bahnen. Die Wellen wurden von Stunde zu Stunde höher, am zweiten Tage wälzten sie sich haushoch gegen uns heran. Es schien, als wenn in einer gewissen Regelmäßigkeit der Wiederkehr immer drei große Wellen nacheinander heranrollten. Die erste konnte das Schiff bei geschickter Steuerung noch überklettern, doch wurde der Bug, nachdem das Schiff die Woge überholt hatte, schon stark nach unten eingetaucht, und wenn die zweite Woge kam, war das Schiff schon nicht mehr in der Lage, sie reitend zu überwinden, sondern mußte die Woge durchschneiden und die Sturzseen über sich ergehen lassen. Aber dann, wenn die dritte Woge kam, stand sie wie ein Berg vor dem Bug des Schiffes, und dieses musste sich hineinbohren, als wenn es sich einen Tunnel erzwingen wollte, und dann schlugen die Sturzseen mit einer Gewalt auf Deck, daß das Schiff in allen seinen Teilen erbebte, und daß alles, was nicht völlig fest"gezurrt" war, von Deck gespült wurde. Die Offiziere und die Mannschaften arbeiteten mit Todesverachtung und mit gewaltigen Anstrengungen, aber je länger der Sturm dauerte, desto schwächer wurde die Widerstandskraft der Einzelnen, und von einer besonders schweren See wurde der Bootsmann zur Seite gegen die Reling geschlagen und mußte mit zerbrochenen Rippen in die Koje getragen werden. Zwei andere Matrosen verloren gleichfalls den Halt und wurden zur Seite geschleudert und erlitten ernste Verletzungen. Die Passagiere waren selbstverständlich größtenteils seekrank. Ich war der einzige, der in dieser ganzen Zeit zu den Mahlzeiten erschien. Die Mahlzeiten selbst aber waren auf ein geringes Maß beschränkt, und manche Betriebe, wie die Bäckerei, waren eingestellt. Bei unserem Reisegefährten, dem Professor Heim, drang das Wasser in die Kabine. Er lag in seinem erhöhten Bett und betrachtete sich mit philosophischer Ruhe die Bewegung des Wassers auf dem Boden seiner Kabine. Das Wasser stand etwa 5–10 Zentimeter hoch auf dem Fußboden, und bei dem Rollen des Schiffes wurde es bald nach links und bald nach rechts geschwenkt. Wenn ich ihn an seinem Lager besuchen wollte, mußte ich im Stütz auf Bett und Tisch durch die Kabine bis zu dem Sofa an der Rückwand turnen und dort mit eingezogenen Beinen sitzen wie ein Orientale, um ihm eine Stunde lang in seiner bedrängten Lage Gesellschaft zu leisten.

Aber gerade in dieser schweren Seenot waren Offiziere und Mannschaften bewundernswert, und das ruhige, gleichmäßige Gesicht des Kapitäns übte allen sorglichen Fragern gegenüber stets eine starke Beruhigung aus.

Wir mussten einen bestimmten Punkt im Meere, Rock Point, auf dem ein Leuchtturm stand, finden, um uns von dort den Weg nach Hongkong zu suchen. Der Kapitän konnte den Schiffsort nicht mehr genau feststellen, und die Gefahr, auf irgendeinen Felsen aufzustoßen, war groß. Da, auf einmal, nach achtundvierzigstündigem Sturm, kam der Erste Offizier mit strahlendem Gesicht die Treppe zu mir hinaufgelaufen: „Jetzt haben wir Rock Point! Sehen Sie mal da, es ist wie ein

Wunder!" Und es war ein Wunder. Mitten durch den dichten Nebel über der stürmischen See erblickten wir auf einmal das kleine Felseneiland nicht weit vor uns. Nun konnte das Schiff erneut sicheren Kurs nehmen, und nun war's auch, als wenn die Macht des Sturmes gebrochen sei. Von Stunde zu Stunde wurde es ruhiger, und nach vierstündiger Fahrt trafen wir in Hongkong ein und machten am Vollwerk in Kaulun fest. Das Schiff war arg zerstoßen und zerschunden, aber der harte Kampf war ruhmreich durchgefochten. Vom Ersten bis zum Letzten hatten sie ihre Pflicht getan. Die Maschinen hatten auch nicht eine Minute versagt oder nachgelassen, das deutsche Motorschiff hatte seine Probe bestanden.

Bei der ganzen Fahrt war mir das kleine Stück Vaterland, auf dem wir in die Welt hinausfuhren, in Freude, Gefahr und Sorge, in Stolz und Kränkung, die wir erlebten, wie ein Bild Deutschlands selbst erschienen. Auch Deutschland regt trotz der Knebelung durch grausamen Friedensschluß die Glieder, die Räder drehen sich, es wird gearbeitet, die wildesten Widerstände gegen die Vernunft und die Ordnung im Innern des Landes sind anscheinend gebrochen. Es gibt äußerlich friedliche Wochen, wo das Staatsschiff anfängt, ruhig zu laufen, wie unsere „Münsterland" im Indischen Ozean. Aber dann machen sich wieder gewaltsame Stürme auf; die wilden Seen der inneren Kämpfe, der rohen Vergewaltigung erbarmungsloser Feinde krachen auf das Deck. Alles scheint in Dunkel gehüllt. Ja, auch in unserem Volk muß ein Wunder geschehen. Ein Licht muß aufleuchten und den Kurs zeigen, und alle müssen erkennen: es gibt jetzt nur einen Weg, kein planloses Herumirren, kein Kurswechsel in momentaner Not, kein Warten auf falsches Feuer, sondern einmütig und selbstlos alle Kräfte angespannt und eingesetzt! Lieber tot als ungetreu!

Zweites Kapitel

Unsere Aufgabe

Das Ziel unserer Reise war Peking, der Zweck der Reise die Teilnahme an der Konferenz des Christlichen Studenten-Weltbundes (CSW). Seit der zweiten Hälfte des vorigen Jahrhunderts haben sich in verschiedenen Ländern an den einzelnen Hochschulen lebendige christliche Studentenkreise zusammengeschlossen und eigene christliche Studentenvereinigungen gebildet. Etliche Jahre vergingen, bis das Zukunftsbild einer weitreichenden christlichen Bewegung unter Studenten durch übernationalen Zusammenschluss lebendig wurde. Aus ganz kleinen Anfängen hatte sich die Arbeit entfaltet. Da und dort versuchten Gruppen ernstgerichteter Studenten fördernde Fühlung mit Studenten anderer Länder zur Verwirklichung großer Ziele zu gewinnen. Diese zum Teil weit zurückgehenden ersten tastenden Versuche trugen aber noch nichts von irgendeiner festen Organisation an sich, und keiner der Versuche richtete seinen Blick auf die ganze Welt.

Erst im letzten Jahrzehnt des vorigen Jahrhunderts erhielt der Gedanke einer allgemeinen, über die Welt sich streckenden christlichen Studentenbewegung greifbare Form. Die Vorarbeiten sind vor allen Dingen an den Hochschulen Nordamerikas zu suchen, wo durch die Tätigkeit der Reisesekretäre in den neugegründeten Christlichen Vereinen junger Männer (CVJM) der große Zukunftsgedanke genährt wurde. Man bemühte sich zuerst um den Zusammenschluss der Studenten Nordamerikas, um dann den Universitäten anderer Länder den Gedanken der Vereinigung zu bringen. In Europa wurde diese Idee zuerst in England aufgegriffen, wo vor allem Professor Drummond und M. Studd in den Jahren 1880 bis 1890 durch wiederholte Besuche an den Hochschulen Nordamerikas das gegenseitige Verstehen britischer und amerikanischer Studenten zu fördern versuchten. Entscheidende Vorarbeit zur Bereicherung der zwischenstaatlichen Verhältnisse und zur Gründung des Christlichen Studenten-Weltbundes leistete der Amerikaner James B. Reynold, der schon als Student an deutschen Universitäten von der Notwendigkeit christlicher Arbeit unter den Studenten des Kontinents überzeugt worden war. Auf seinen Anstoß wurden verschiedene neue Nationalvereinigungen gegründet (Frankreich und Skandinavien). Während dieser Tätigkeit in Europa sorgte er zugleich dafür, daß jährlich eine größere Anzahl von Studenten und Professoren an der amerikanischen Studentenkonferenz teilnahm. Fast zu gleicher Zeit unternahm der amerikanische Sekretär D. Wishard einen Vorstoß in das studentische Arbeitsfeld der wichtigsten Missionsländer Asiens. Mühevolle Pionierarbeit wurde hier geleistet und legte den Grund zu der weltumfassenden Vereinigung christlicher Studenten-Organisationen.

Die eigentliche Begründung des Christlichen Studenten-Weltbundes ist das Werk des Amerikaners Dr. I. R. Mott, der noch heute Präsident des CSW ist. Nachdem er in den neunziger Jahren verschiedentlich den europäischen Kontinent bereist hatte und mit den Führern der Nationalvereinigungen in lebendige Verbindung getreten war, wurde in den Augusttagen des Jahres 1895 im schwedischen Schloß Vadstena, anschließend an die dort abgehaltene skandinavische Studenten-Konferenz, das Fundament gelegt, das den großen Bau tragen sollte. Sechs Vertreter aus fünf verschiedenen Ländern beschlossen die Gründung des Bundes und gaben ihm den Namen „Christlicher Studenten-Weltbund". In den ersten fünf Jahren erfuhr der Bund eine erstaunlich rasche weltweite Ausdehnung, und die 600 Vereinigungen, die mit etwa 35000 Mitgliedern den Grundstock bildeten, sind rasch auf 2500 einzelne Vereinigungen mit rund 200000 Studenten angewachsen. Die bessere innere Ausgestaltung erfuhr das Werk zur Hauptsache in den ersten Jahren des neuen Jahrhunderts, bis dann der Weltkrieg 1914 eine völlige Umgestaltung und eine ernste Erprobung für das Bestehen des CSW bedeutete.

Das Arbeitsziel des CSW ist, die christlichen Studentenbewegungen und Organisationen in der ganzen Welt zusammenzuschließen. Die einzelnen Studentenvereinigungen sind keine Korporationen, sondern sie sind Arbeitsgemeinschaften, Vereinigungen von Gleichgesinnten, die sich zu einer lebendigen christlichen Weltauffassung durchgerungen haben oder durchringen wollen, die mit der Nachfolge Christi, den sie als ihren persönlichen lebendigen Herrn erkennen, Ernst machen wollen. In dieser Pflege eines tatkräftigen lebendigen Christentums und zur Werbung für seine Ausbreitung schließen sich auch in Deutschland Studenten aller Fakultäten, nicht bloß Theologen, zusammen. – Jede nationale Bewegung findet ihre Anerkennung und soll in ihrer besonderen Eigenart das Gesamtleben des großen Bundes fördern. Die Arbeit des Weltbundes leiten die Reisesekretäre, deren Zahl von Jahr zu Jahr erweitert werden mußte (heute etwa 470 Berufsarbeiter). Das „Generalkomitee" setzt sich aus je zwei Vertretern der dem Bunde angeschlossenen Bewegungen oder Organisationen zusammen. Die Haupttätigkeit des Weltbundes soll der Dienst an den nationalen Studentenvereinigungen sein, den man durch Konferenzen, die wenigstens einmal in vier Jahren abgehalten werden sollen, durch Besuche und Zeitschriften (Hauptorgan „The Student World") zu erfüllen versucht hat. Mit der Zeit gewann auch die Arbeit unter den Studenten, die nicht in ihrem Heimatlande studierten, einen sehr bedeutenden Umfang. Es wurden besondere Sekretäre angestellt, die ihre ganze Zeit in den Dienst der ausländischen Studenten stellen sollen. Zurzeit sind dem Weltbund 42 Staaten angeschlossen. Nach dem großen Kriege, der den Weltbund tatsächlich gesprengt hatte, wurde von einzelnen nationalen Organisationen der Versuch gemacht, im Jahre 1920 zur Zeit der fünfundzwanzigjährigen Wiederkehr der Gründung des Bundes, und wieder in Vadstena in Schweden, eine Konferenz zu veranstalten und dort den Wiederzusammenschluß zu bewirken. Die Deutsche Christliche Studenten-Vereinigung (DCSV) verhielt sich ablehnend, denn die christlichen Kreise aller Länder waren durch den Krieg in den Völkerhaß hineingezogen und die jahrelang ganz offiziell großgezogene Lüge beherrschte das Urteil weithin, auch noch nach dem Friedensschluss. Der namentlich von Amerika ausgehende Gedanke: das Vergangene vergangen sein zu lassen, in die Zukunft zu sehen und die brüderlichen Hände zu schließen, schien uns nur auf Kosten der Wahrhaftigkeit durchführbar. Das Vergangene durfte nicht unausgesprochen bleiben. Wir erklärten uns nur zu Einzelaussprachen über die Kriegsschuld bereit. Die Konferenz in Vadstena kam deshalb damals nicht zustande, aber die Einzelbesprechungen in neutralen Ländern führten zu guter Klärung, und gegen Ende des Jahres 1921 konnte mit Erfolg der Plan betrieben werden, im Jahre 1922 wieder eine Weltbundkonferenz abzuhalten. Bei der Auswahl des Konferenzortes dachte man anfänglich nicht an China und Peking, aber die Chinesische Studentenvereinigung verfolgte ihrerseits tatkräftig den Plan, in Peking die Zusammenkunft zu verwirklichen. Der Generalsekretär der Chinesischen Christlichen Studentenvereinigung, T. Z. Koo, kam persönlich nach Europa, um die Schwierigkeiten zu überwinden, die gegen die Wahl des Konferenzortes bestanden. Er mußte sich dabei vergegenwärtigen, daß für die Konferenzteilnehmer, die von der westlichen Halbkugel kommen sollten, die Reisekosten ganz außerordentlich hoch sein würden. Dazu kam, daß die Verhältnisse in China noch keineswegs nach der Revolution so geordnet waren, daß man den ungestörten Verlauf der Konferenz voraussetzen konnte. Auch die weite Seefahrt schien im Hinblick auf die jahrelange Störung des Seeweges nicht unbedenklich. T. Z. Koo wusste aber alle diese Bedenken siegreich zu zerstreuen und glaubte namentlich die finanziellen Schwierigkeiten durch Vorleistungen seiner chinesischen Freunde überwinden zu können. Er schilderte im übrigen eindringlich und überzeugend, wie nötig es sei, daß gerade jetzt, nach Beendigung des Weltkrieges, der Weltbund in China vor allen Ostasiaten und überhaupt vor der ganzen Welt zeige, daß er trotz des furchtbaren Geschehens im letzten Jahrzehnt fortbestehe, daß das Christentum seine Kraft nicht verloren, seine Mission, in den Völkern segnend und befreiend zu wirken, nicht eingebüßt habe. Es bestehe in seinem Lande ein schwerer Kampf zwischen den

Christen und Gegnern des Christentums, den Anhängern des Buddhismus und den völligen Leugnern jeder lebendigen Religion. Und deshalb bat er dringend, die Konferenz in Peking zu veranstalten. Er lud gerade die Deutschen zum Besuch dieser Konferenz ein. China habe ein lebhaftes Interesse für Deutschland. Es wolle die Wahrheit über Deutschland durch dessen eigene Vertreter hören. Er erhoffe gerade von Deutschland erfolgreiche Hilfe in dem geistigen Kampf, den sie jetzt zu bestehen hätten. Er bat deshalb auch besonders darum, daß nicht jugendliche Vertreter der deutschen Bewegung nach China kämen, sondern solche, deren Namen schon in China bekannt seien und auf die man dort mit gespannter Aufmerksamkeit hören würde. Er richtete seine besondere Bitte um Teilnahme an der Konferenz an den Professor der Theologie O. Karl Heim in Tübingen und an mich. Der Entschluß zu reisen, wurde mir nicht leicht. So sehr es mich lockte, nach über 30 Jahren die Stätten in Ostasien wiederzusehen, an denen ich als junger Lehrer der Rechts- und Staatswissenschaften gewirkt und vier unvergeßliche Jahre meines Lebens verbracht hatte, so war doch bei meinem Alter der Gedanke an eine zweifellos überaus anstrengende sechsmonatliche Reise um die Welt nicht leicht zu fassen. Ich glaubte dadurch um die Verwirklichung herumzukommen, daß ich die Teilnahme meiner Frau an der Reise als für mich unerlässlich bezeichnete. Aber auch diese Schwierigkeit wurde glatt überwunden; die Einladung wurde auf meine Frau ausgedehnt, und so kam's zu meiner zweiten Ostasienfahrt. – Die Seereise von Hongkong bis nach Shanghai, dem Ziel unserer Fahrt, erforderte noch drei Tage. Am Sonntag, den 2. April, früh um 7 Uhr, liefen wir im Hafen von Shanghai ein. Wenn wir zum Beginn der Konferenz am 4. April früh in Peking sein wollten, mussten wir so schnell wie möglich an Land, um die Bahnfahrt nach Peking rechtzeitig antreten zu können. Am Sonntag kommt kein Zolloffizier an Bord, und auch die Hafenpolizei begnügt sich lediglich damit, daß sie die Ausschiffung verhindert. Wir hätten also untätig 24 Stunden an Bord bleiben müssen und wären dann eben zu spät gekommen. Da erschien mit einem Mal ein kleines Dampfboot, steuerte auf unser Schiff los und legte sich längsseit. Vorn im Boot stand ein Herr, der lebhaft zu uns heraufwinkte und in dem ich den deutschen Generalkonsul Thiel erkannte. Er rief herauf, daß der Zug um 9:30 Uhr nach Peking abfahre; wenn wir pünktlich zur Konferenz eintreffen wollten, dann müssten wir sofort von Bord und mit ihm über den Hafen zum Bollwerk fahren. Der Kapitän konnte uns nicht gestatten, das Schiff zu verlassen, er konnte das Fallreep nicht herunterlassen; aber er begab sich nach der anderen Seite des Schiffes und wollte damit zum Ausdruck bringen, daß er unsere Maßnahmen unserer eigenen Verantwortung und der des Generalkonsuls überlassen wolle. Die Not zwang uns zu kurz entschlossenem Handeln. Man ließ unser Gepäck an Stricken in das kleine Dampfboot hinab, und wir drei kletterten auf einer Schiffsleiter an der Außenwand des Schiffes herunter und verließen so nach kurzem Abschied von den übrigen Insassen unser Schiff „Münsterland". Wir fuhren mit dem Dampfboot über den Hafen; der Zolloffizier wurde aus seiner Wohnung gebeten und fertigte uns stumm ab. Zwei Autos waren zur Stelle und brachten uns und unser Gepäck in eiliger Fahrt auf den Bahnhof. Wir kamen 20 Minuten vor Abgang des Zuges nach Peking auf dem Bahnhof an, und so war's möglich, rechtzeitig den letzten Teil der Reise zu Land zurückzulegen. Die chinesische Eisenbahn machte einen recht guten Eindruck. Wir fuhren in einem D-Zug nach europäischem Muster. Speiseund Schlafwagen erleichterten diese vierzigstündige Fahrt nach der chinesischen Hauptstadt. Anfänglich ging es durch dicht bevölkerte Teile des Landes. Die Landschaft war freundlich, BaumPflanzungen umrahmten die Gehöfte und Ortschaften, und die Vegetation, soweit sie im Anfang des April im nördlichen Teil von China schon aus dem Winterschlaf erwacht ist, war üppig und abwechslungsreich. Aber allmählich wurde es immer kahler und öder. Die Ortschaften wurden seltener, und je weiter wir uns von der Küste entfernten, desto trostloser wurden die Landschaft und das Bild der menschlichen Siedlungen. Alles war in einheitliches graues Gelb gekleidet. Die weiten landwirtschaftlichen Flächen, auf denen noch keine Frühlingssaaten aufgegangen waren, reichten ohne Abschluß bis an die Dorfhäuser heran, die ohne Baum oder Strauch sich aus dem lehmigen Boden erhoben und aus demselben Lehmmaterial errichtet waren, Hütten der jämmerlichsten Art, ohne feste Türen als Verschluss und ohne Fenster. Alles graugelb in graugelb. Das Traurigste war der Mangel an Baumwuchs, und charakteristisch für die Ode war, daß die Vogelart, die wir als die häufigste im Vorbeifahren beobachteten, die Elster, in zahlreichen Fällen ihr Nest auf den Telegraphenstangen längs der Bahn oben zwischen den Porzellanknöpfen der Leitungen gebaut hatte. Im Speisewagen machten wir die Bekanntschaft eines höheren chinesischen Forstbeamten, der gut Englisch sprach und in Europa und Amerika Forstwissenschaft studiert hatte. Mit ihm sprachen wir über diesen großen Mangel des Landes an Baumwuchs. Er sagte, wir möchten warten, in wenigen Stunden kämen wir in seinen Amtsbezirk, und da könnten wir beobachten, wie jetzt die Regierung planmäßig an den Hängen rechts und links der Bahnstrecke Forstkultur treibe; er hoffe, daß diesem großen Mangel an Baumpflege im Lande bald abgeholfen werden könne. Der Mann war sehr stolz auf die Größe und Ausdehnung seines Vaterlandes. Er sagte mit fröhlichem Lachen: wenn man von Berlin zwölf Stunden nach Westen führe, wäre man in Frankreich, und in zwölf Stunden nach Osten wäre man in Russland und in wenig mehr nach Süden in der Schweiz. Und in seiner Heimat könne man Wochen und Wochen von Peking nach allen Richtungen reisen, und man wäre doch noch nicht an der Grenze. Er musste aber zugeben, daß die gewaltige Größe seines Landes ein unendlich schweres Hemmnis seiner kulturellen Entwicklung sei. In China können die Bewohner von nordöstlichen Provinzen zu Tausenden und aber Tausenden an Hunger sterben, auch wenn im Südosten eine reiche Getreideernte ist; denn es ist heute noch nicht möglich, den Überfluß des einen Landesteils dem anderen rechtzeitig zugänglich zu machen. Nach vierzigstündiger Fahrt kamen wir am 3. April, abends um 10 Uhr, in Peking an. Wir waren völlig in Unwissenheit, wie und wo wir dort Aufnahme finden würden. Als ich vor mehr als dreißig Jahren zum ersten Male in Ostasien war, da war das Innere von China für uns so gut wie verschlossen; namentlich die Hauptstadt Peking war in ihren interessantesten Teilen den Fremden eine „verbotene Stadt", und die Unterkunft war wenig verlockend für einen auch nur einigermaßen verwöhnten Reisenden. Deshalb waren wir sehr erstaunt, als wir das „WaggonLit-Hotel" betraten, einen Prachtbau, der sich jedem der neueren eleganten Berliner Hotels an die Seite stellen kann. Geschmackvoll getäfelte Gesellschaftsräume dienen dem Empfang der Gäste, und die Wohnräume mit anschließenden Badezimmern sind erstklassig in ihrer Ausstattung und Aufmachung. Aber wir konnten die Bequemlichkeiten dieses Hauses nur für eine Nacht benutzen. Die Konferenz des Christlichen Studenten-Weltbundes fand nicht in Peking selbst, sondern in einem Vorort von Peking in dem Tsing Hua College statt. Eine halbstündige Autofahrt brachte uns am Morgen des 4. April dorthin. Das College war eine Welt für sich. Früher war das ganze Gelände das Eigentum eines chinesischen Großen. Die Amerikaner hatten es mit dem Entschädigungsgeld, das sie nach dem Boxeraufstand von der chinesischen Regierung bekommen hatten, für Universitätszwecke gekauft und hatten alle Gebäude errichtet und das ganze Gelände nach dem Muster amerikanischer Colleges eingerichtet. Eine mehrere Kilometer lange Mauer umschloß das weite Gelände von Gebäudeflächen, Gärten, Spielplätzen und Wasserläufen. Das Gelände war nur schwach bebaut. Neben dem Universitätsgebäude, etwa in der Mitte, stand eine große Kongresshalle, auf die der Blick gleich bei der Einfahrt fällt. Rechts und links standen die Gebäude für Hörsäle, für die Verwaltung, die Essräume, die Schlafsäle und die Bibliothek. Die zweite wohl ebenso große Fläche hinter dem Kongresssaal und seiner Umgebung bietet Raum für die Wohnungen der Dozenten, die fast durchweg amerikanische Professoren sind. Jeder von ihnen bewohnt eine hübsche Villa mit Garten. Die Bezahlung der Dozenten ist anscheinend sehr ausreichend, sie haben eine zahlreiche Dienerschaft, die sie als sehr treu und aufmerksam rühmten, und bewunderungswürdig war ihre Gastfreundschaft, die sie als etwas völlig Selbstverständliches an den fremden Vertretern auf der Konferenz übten. Wir wohnten in dem Hause des Dr. Pearle und wurden mit ihm und seiner liebenswürdigen Gattin und ihren beiden niedlichen Kindern bald gute Freunde. Mit den Nachbarvillen entwickelte sich in den wenigen und kurzen Freizeiten während der Konferenz ein lebhafter Verkehr, und so bekamen wir Einblick in dies eigenartige, nach China verpflanzte Leben amerikanischer Professorenfamilien, für die die Trennung von der Heimat gar nichts Schwieriges zu sein schien, die mit großer Selbstverständlichkeit hier ihre zweite Heimat für längere Jahre gefunden hatten. Die Konferenz begann nachmittags mit einem Empfang in den vornehmen Räumen des früheren Eigentümers, im Tsing Hua Namen, einem alten geschmackvollen chinesischen Palast, in interessantem und reizvollem Garten. Hier war die offizielle Begrüßung mit den Staats- und Universitätsbehörden und die erste Fühlungnahme mit den Vertretern der fremden Länder. Ohne überflüssige Feierlichkeit, mit nur kurzen Ansprachen, vollzog sich die Annäherung in heiteren Formen, und es war nichts von störender oder gar peinlicher Zurückhaltung zwischen den Vertretern der einzelnen Nationen zu spüren. Alle hatten den Wunsch freundschaftlicher Annäherung.

Abends war dann feierliche Eröffnungsversammlung in der Kongreßhalle mit einer großzügigen Antrittsrede des Präsidenten der Konferenz Dr. John Mott. Die Vertreter der einzelnen Nationen wurden gebeten, in alphabetischer Reihenfolge sich von ihren Plätzen zu erheben und auf diese Weise sich der Gesamtheit vorzustellen. Jedesmal begleitete die Einzelvorstellung ein Beifall der Versammlung durch Händeklatschen, und in dem Grad der Stärke des Klatschens drückte sich das Maß der Sympathie für das Land aus, dessen Vertreter sich erhoben. Es war uns selbst am allerüberraschendsten, aber vielleicht auch für manche der übrigen Teilnehmer unerwartet, daß, als die Vertreter Deutschlands sich erhoben, ein brausender Beifall durch den Saal ging. Es wurde auch nachher in den Zeitungen, die über die Konferenz berichteten, hervorgehoben, daß die Deutschen mit dem lautesten und andauerndsten Beifall begrüßt worden seien. Zum Teil war dies darauf zurückzuführen, daß man gehört hatte, wir würden unter Umständen zu spät kommen, weil wir in einen Taifun geraten seien. So sollte der Beifall der Freude über unser Erscheinen Ausdruck geben. Das Generalthema für die Konferenz war: „Christus und der Wiederaufbau der Welt." In den Hauptversammlungen der Konferenz wurden nur größere Vorträge gehalten und Berichte erstattet. Diskussionen fanden in ihnen nicht statt. Der Gedankenaustausch vollzog sich in Ausschüssen, sogenannten „Forums". Es gab Ausschüsse für die soziale Frage, für die internationale Frage, für die Rassenfrage, für die Frage der Verbreitung des Evangeliums unter den ungläubigen Studenten usw., und in diesen Forums war Gelegenheit zu freiester Aussprache. Ich beteiligte mich an den Beratungen im sozialen Forum, dessen Teilnehmerzahl die größte von allen war. Man sah deutlich, daß auf diesem Gebiet das Hauptinteresse namentlich der Chinesen lag: Stellung des Christentums zur sozialen Frage (vgl. hierüber das siebente Kapitel dieses Buches). Hier kam die Rede auch auf die Stellung der Christen zum Kriege (darüber das Nähere im sechsten Kapitel), und in diesen Forums wurden praktische Resolutionen gefasst, die der Lösung der Probleme, die auch den Ostasiaten schwer zu schaffen machen, dienen sollten. Die drei wichtigsten Vormittagsvorträge wurden von Nichtangelsachsen gehalten. Paul Monet, Direktor des «Foyer des Etudiants Annamites» in Hanoi, Tonking, sprach am ersten Tage über „Naturwissenschaft und Christentum", Professor Heim am zweiten Tag über „Christus und die Philosophie", Professor Jean Monnier von Straßburg am dritten Tag über „Christus und die Kultur". Ich selbst hatte über das Thema „ Industrial reconstraction" zu reden. Ursprünglich hatten wir gedacht, daß wir darauf halten müssten, als Vertreter Deutschlands bei unseren Vorträgen deutsch zu sprechen, und daß sie vom Deutschen ins Chinesische übersetzt würden. Wir wurden aber gewahr, daß dies eine starke Beeinträchtigung des Erfolges unserer Vorträge gewesen wäre; denn wenn der Vortrag nur in deutscher und chinesischer Sprache zur Kenntnis der Hörer gekommen wäre, dann würden alle diejenigen, die nicht Deutsch und nicht Chinesisch verstanden hätten, also wohl die meisten Engländer und Amerikaner und auch die Inder und

Philippinos usw., von dem ganzen Vortrag nichts vernommen haben, und deshalb entschlossen wir uns, unsere Vorträge englisch zu halten, und haben auch bei den Beratungen im Forum und später im „General Committee" ausschließlich englisch gesprochen. 32 Nationen waren auf der Konferenz vertreten, am stärksten natürlich die Chinesen selbst; etwa 500 Chinesen bildeten den Hauptteil der Zuhörerschaft. Daneben etwa 200–250 Ausländer, viele Japaner und Amerikaner, in größerer Zahl Inder, Koreaner, Philippinos und von den weiter entfernteren Ländern nur immer eine geringere Zahl von Teilnehmern. Bei Schluß der sechstägigen Konferenz wurden die fremden Vertreter in Delegationen (sogenannte „Teams") eingeteilt. In jeder Delegation waren möglichst viele Nationen vertreten, so daß sie in ihrer Zusammensetzung ein buntes Bild der Rassen und Länder boten. Diese Delegationen sollten von Peking aus strahlenförmig in das Innere und in die Küstenstädte von China gehen, sollten dort in den Städten, in denen Höhere Schulen un.d Universitäten sind, vor der chinesischen Jugend sprechen und sollten auf diese Weise die chinesische Jugend anregen, sich mit den Problemen zu befassen, die die Gesamtkonferenz bewegten, sollten den Blick der chinesischen Jugend für internationale Verhältnisse und für die internationalste Macht der Welt, das Christentum, öffnen und sollten ihnen die Bedeutung des Zusammenwirkens von Vertretern von Ländern zeigen, die in den vergangenen Jahren die erbittertsten Kämpfer gegeneinander gewesen waren.

Die Delegation, der ich angehörte, besuchte die Städte Tientsin, Nanking und Kanton und kam so auch in den südlichen Teil von China, der wieder wie ein völlig neues Land auf uns wirkte. Überall, wo wir hinkamen, mußten wir vor Tausenden von Studenten und älteren Schülern sprechen. Die Delegation saß dann auf einem Podium des Versammlungssaals, und jeder einzelne von uns mußte die Versammlung anreden. Hier kam es nicht auf tiefe wissenschaftliche Vorträge, sondern lediglich darauf an, der chinesischen Jugend einen Eindruck von einem deutschen Mann, einer deutschen Frau oder etwa einer Philippinerin oder einem Neger zu geben, und ich muss es bekennen, daß der interessanteste Vertreter des Weltbundes für die Chinesen zweifellos der Neger war. Wenn der ganz schwarze Professor der Theologie. King aus einem südlichen Staat von Nordamerika sich erhob, dann war die chinesische Jugend zunächst naiv genug, bei dem ihr völlig neuen Anblick des schwarzen Mannes in laute unbegrenzte Heiterkeit auszubrechen, die sich nicht zurückdämmen ließ. Aber der schwarze Professor hatte eine wunderbare Gabe, nach wenigen Sätzen die Aufmerksamkeit seiner Zuhörer zu fesseln, Zunächst mit einem freundlichen Witz über die Situation hinwegzuhelfen, die ja dadurch peinlich werden konnte, daß der schwarze Gast ausgelacht wurde, um dann in ergreifendster Weise über die Stellung der schwarzen Rasse in der Welt, über die zweihundert Millionen Neger des ganzen Erdenrunds etwas zu sagen, wie sie sich nach Licht und nach Freiheit und nach Gott sehnen. Aber es ging alles gut, und am ergreifendsten war es, wenn der Professor King sang. Bekanntlich sind ja die Neger außerordentlich musikalisch, und insbesondere ihr Gesang hat auch für uns Europäer einen wunderbaren Wohllaut und Reiz. Wir hörten ihn am Ostertage in dem Versammlungsraum der Universität Nanking in einem Gottesdienst ohne Begleitung ein Osterlied singen von so tiefer Schönheit und in einer solchen musikalischen Vollendung, daß eine allgemeine Bewegung durch den Saal ging.

Die Frage ist nun oft aufgeworfen worden: Was nutzt eine solche Konferenz, und hat insbesondere die Peking-Konferenz irgendwelchen Nutzen gehabt? Darauf ist zu antworten, daß der Wert der Konferenz zunächst darin besteht, daß sie überhaupt stattgefunden hat. Für die Verständigung der Christen aller Länder und damit für die Länder überhaupt war es von großer Bedeutung, daß die Vertreter von 32 Staaten, von denen die meisten als Angehörige ihrer Heimatländer in den Krieg verwickelt waren, in vollem Vertrauen auf die Brüderlichkeit und Aufrichtigkeit ihrer Konferenzgenossen Zusammenkamen und die ernstesten, ja auch die peinlichsten Fragen des Verhältnisses ihrer Völker untereinander besprechen konnten. Es war von großer Bedeutung, daß wir alle, die wir noch heute unter den Wirkungen des Krieges so schwer zu leiden haben, mit den Vertretern anderer Länder zusammenkamen, die in ähnlichem Leiden stehen wie wir. Wenn man einen Koreaner über den Stand seines Landes, über sein Verhältnis zu den Nachbarländern sprach, dann kam eine starke Bewegung über die Vergewaltigung zum Vorschein, die sein Land durch die Eroberung durch Japan zu dulden hat. Die Inder seufzen unter dem schweren Druck durch die Engländer, und es geht eine tiefe Empörung auch durch die christlichen Kreise in Indien, die sich gegen die Machtherrschaft der Engländer richtet und die unheimliche Ausblicke in die Zukunft des Landes und die Auseinandersetzung mit seinen Beherrschern eröffnet. Und so erschaut man Möglichkeiten neuer Konstellationen im Verhältnis der Völker zueinander, die, auch ohne daß es zu neuen Kriegen zu kommen braucht, anderweitige Gruppierungen der Nationen herbeiführen können und den Unterdrückten Luft und Befreiung bringen. Durch die Konferenz hat der Weltbund seine Daseinsberechtigung und die Fähigkeit, versöhnend zu wirken, bewiesen. Zwar wurde die Hoffnung der Pazifisten nicht erfüllt, einen einmütigen Beschluß der Vertreter der christlichen Studentenvereinigungen der ganzen Welt herbeizuführen, daß kein christlicher Student sich an einem kommenden Kriege beteiligen oder an irgendeinem Gewaltakt teilnehmen werde. Hierfür traten besonders lebhaft die neun indischen Vertreter ein, die ganz unter dem Einfluss ihres großen religiösen Führers Ghandi stehen, der jede Anwendung von Gewalt ablehnt. Aber auch aus England und Amerika waren führende Persönlichkeiten des Pazifismus da, so der Quäker Hodgkin, der während des Krieges wegen Verweigerung des Waffendienstes eingekerkert war, und der Professor Latourette von der Yale-Universität in den Vereinigten Staaten. Sie waren enttäuscht, daß eine derartig einmütige Resolution nicht durchzusetzen war; aber gerade aus den Ländern, die am tiefsten in die Kriegsnot verwickelt waren und am schwersten gelitten hatten, erhob sich energischer Widerspruch, die Gewissen der Einzelnen zu binden. Außer uns widersprachen besonders die Vertreter von Frankreich, Italien und England. Wir waren uns alle einig, daß es die Pflicht der Christen ist, gegen alles zu kämpfen, was aus Ungerechtigkeit, Selbstsucht und Haß der Einzelnen und der Völker geschieht und erneut zu Verwicklungen und schließlich zum Kriege führen könnte und müsste. Aber alle, die nicht blind pazifistischen Hoffnungen nachjagen, waren sich klar, daß die völlige Ausschaltung der Kriege aus dem Völkerleben nicht möglich ist, wenn nicht Ungerechtigkeit, Selbstsucht und Haß, wenn nicht die Sünde der Menschheit ausgerottet wird. Die Parole: „Nie wieder Krieg!" greift der Entwicklung künftiger Aone voraus. Die lebensmögliche Lösung kann nur lauten: „Kampf gegen Unrecht und Sünde", und hier muß jeder bei sich und jedes Volk zuerst im eigenen Hause anfangen.

Wer die Lehren der Konferenz im Tsing Hua College recht ergriffen hat, der weiß, daß das Christentum internationale Macht hat, aber daß es nicht die Nationen und das Gefühl der Zugehörigkeit zur Nation aufhebt. Er weiß, daß gerade das Verbundensein des Einzelnen, auch des Christen, mit Gedeih und Verderb seines Vaterlandes die höchsten Ansprüche an sein Gewissen vor Gott und Menschen, den Volksgenossen und den Fremden stellt. Menschensatzungen hierüber sind mit der Willensfreiheit nicht vereinbar. Ein Pazifismus, der den Christen außerhalb seiner Nation stellen will, leugnet die sittliche Kraft des nationalen Gedankens; er gibt den Staat auf. Wir gehören aber in den Staat, wir gehören ins Volk. Christus verlangt von uns die Lösung: Gebt dem Kaiser, der Staatsordnung, dem Volk, was ihm gebührt, und gleichzeitig: Gebt Gott, was Gottes ist. Was Gottes ist und was des Kaisers, des Volkes, des Vaterlandes ist, das kann mir keine pazifistische Resolution sagen; das sagt mir nur mein Gewissen.

Drittes Kapitel

Das heutige China

Es wäre ein Wagnis, das über meine Kräfte geht, Maßgebliches über das heutige China im Gegensatz zum alten China und über die Zukunft Chinas zu sagen. Wir stehen vor China als vor einem viertausendjährigen.Koloss. Ehe Ninive gegründet wurde, vor den Zeiten der sagenhaften ägyptischen Könige in Theben, vor Abraham und der mit ihm beginnenden Geschichte des Volkes Israel, da war schon China. Schon vor 3ooo Jahren wurde dort ein Lehnsstaat unter der Dschou-Dynastie errichtet, dessen Organisation dem Feudalstaat im mittelalterlichen Deutschland vergleichbar ist, mit einer friedlichen, ackerbautreibenden Bevölkerung. Seit über 2000 Jahren ist der chinesische Staat ein Beamtenstaat, dessen Bureaukratismus erst durch die jüngste Revolution gebrochen wurde. Und seit 2000 Jahren steht auch die Riesenmauer, die das Reich gegen die Einfälle vom Westen, von Ientralasien her, schützen sollte, wenn sie auch kaum ein wirksamer Schutz gewesen ist. Die Jahrhunderte der chinesischen Geschichte sind mit Kämpfen ausgefüllt, die das friedliche Volk mit den Hunnen, den Tataren und Mongolen durchzufechten hatte. Aber wunderbar, selbst wenn die Einbrecher Teile der Herrschaft des Landes an sich rissen, wenn um 1300 von KublaKhan die Jüan-Dynastie der Mongolen gegründet wurde und schließlich seit 1644 die Mandschus für fast 300 Jahre die Chinesen regierten, das Volk wurde nicht tatarisch oder hunnisch und paßte sich auch nicht den Mandschus an. Die riesige urwüchsige Volkskraft verdaute all den fremden Einschlag, blieb nicht nur selbst chinesisch, sondern dnrchdrang sogar Wesen und Sitten, Wirtschaftsweise und Religion der Eroberer. China blieb China.

Eine naive Auffassung von der Ausschließlichkeit der Existenz und Würde des Volks beherrschte die maßgebenden Kreise Chinas. Mit einem uns kindlich erscheinenden Hochmut wurden die Fremden behandelt, und erst gegen Mitte des 19. Jahrhunderts entschloß man sich, mit fremden Delegationen wenigstens äußerlich auf dem Standpunkt der Gleichberechtigung zu verkehren; nach langen Kämpfen, namentlich mit Frankreich und England, wurde durch die Verträge von Tientsin (1856 und 1860) die Einrichtung von fremden Delegationen in Peking zugestanden.

Seit jener Zeit bis heute ist China nicht zur Ruhe gekommen. Innere Kämpfe, wie die Taiping-Rebellion, schwächten die kaiserliche Allgewalt, die schließlich in der schönen, zielbewußten, männlich starken und bis zur furchtbarsten Grausamkeit konsequenten Empreß Dowager, der Kaiserin-Witwe Tsi-Hi, für lange Jahrzehnte eine letzte hochinteressante und machtvolle Repräsentantin fand. Die Macht wurde dann auf die Vizekönige dezentralisiert, deren hervorragendster Li-Hung-Dschang war. China schien altersschwach, und von allen Seiten flogen die Adler herbei. Japan sicherte sich durch seine Siege im Jahre 1894/95 die Vorherrschaft in Ostasten, nahm Formosa und Korea und rückte dem kontinentalen Großnachbarn immer näher auf den Leib. Frankreich, Rußland und leider auch Deutschland griffen in die Händel zwischen China und Japan ein und nahmen sich Gebietsteile, und alle forderten und erhielten Millionen von Geldentschädigung für Schäden, die sie im Grunde genommen selbst verursacht hatten.

Das Revolutionsfeuer griff von Europa nach Ostasten über. Das Kaisertum wurde beseitigt, China zur Republik erklärt, und in den Kaiserpalast in Peking zog der Präsident der Republik ein. Die Zerrissenheit wurde aber nur noch größer, denn Regierung, Präsident und Parlament wurden im Süden nicht anerkannt. So sind der Süden und der Norden Chinas im Kriegszustand, und zu der Zeit, als wir im Tsing Hua College mit feierlichem Ernst die Frage diskutierten, wie der Krieg aus der Welt zu schaffen sei, marschierten die Generale des Nordens gegen die des Südens. Die Gewalt lag nicht in den Händen des Präsidenten in Peking, aber auch nicht in den Händen des Gegenpräsidenten Dr. Tsun-Ia-Tsen in Kanton, sondern in denen der Militärgouverneure. Sie sind gewissermaßen die Nachfolger der alten Vizekönige. Sie schaffen sich ihre Söldnerarmeen, wie die alten Lehnsfürsten ihre Territorialtruppen, sie erpressen von den friedsamen, fleißigen Ackerbauern und von den Städten die Summen für die Erhaltung ihrer Soldaten. Auch solche schon lange in China lebenden Europäer, die es hätten wissen können, wußten nicht zu sagen, was nun eigentlich das Kriegsziel des Kriegsherrn in Mulden, des TschangTsu-Lin, sei und wie der Machthaber in der Mitte, der WuVei-Fu, dazu und zu dem Generalfeldmarschall des Südens, Cheng-Chiung-Ming, stehe. Denn erbitterte Gegner erschienen plötzlich wieder versöhnt, um gemeinsam sich gegen den Dritten zu wenden, und schließlich ließen die Kämpfer überhaupt voneinander ab, wie Hähne, die erst wutentbrannt gegeneinanderspringen, dann eine Zeitlang in Bereitstellung mit gesenktem Kopfe dastehen, um plötzlich, in harmlose Geschöpfe verwandelt, im Sande zu scharren und Nahrung zu picken. Damals hieß es, der Thronprätendent, ein Mandschuerbe, lebe still und nicht einmal ganz geheim in Peking. Es war ein achtzehnjähriger Prinz, und er sollte gerade in jener Zeit heiraten. Wenn einer der Militärgewalthaber eine wirklich obsiegende Stellung erlange, wolle er sich des Kaiserthronerben bemächtigen und die Dynastie wieder aufrichten. Das war nicht müßiges Gerede, sondern das Gespräch ernsthafter Menschen. Die jungen Studenten glaubten aber nicht daran. Sie selbst und die übrigen nach westlichen Begriffen gebildeten Männer und Frauen bilden zwar nur eine dünne Oberschicht in den Volksmassen, so dünn, wie eine Ölschicht auf tiefem Wasser, aber sie haben bestimmenden Einfluss auf das Geschehen im Volk. Die Verhältnisse erinnerten mich lebhaft an die Erfahrungen, die wir vor 35 Jahren in Japan machten. Auch damals eine schwache Schicht der Intelligenten, der modern Gebildeten, vom Fremdwesen Erfassten, die das Volk im Geschwindtempo mit sich zu reißen versuchten. In dem kleinen Volk der Japaner war aber schon damals eine Umstellung denkbar und sie hat sich im Laufe der verflossenen Jahrzehnte auch als möglich erwiesen. Der Stand der Kultur in den niedrigen japanischen Volksschichten war ja auch ungleich höher als in der riesigen und unbeweglich erscheinenden Masse des chinesischen Volkes. Millionen von Chinesen leben stumpf dahin. Vom Weltkrieg, und daß China an ihm beteiligt war, wissen sie nichts. Ob in Peking ein Kaiser regiert oder ein Präsident, ist ihnen als unterschiedlich nicht verständlich. Sie leben in Angst vor den Militärgouverneuren, die ihnen Söhne und Geld fortnehmen. Sie können nicht zu Wohlstand kommen, weil Besitz, wie Korn und Reis und Vieh, die Räuber anzieht, die im Innern des Landes bandenmäßig plündern. Den Rest von Freiheit nimmt ihnen die Angst vor bösen Geistern, namentlich derer, deren Gräber sie nicht gewissenhaft unterhalten und zu den vorgeschriebenen Tagen geschmückt und an ihnen gebetet haben. Ganz China ist ein Gräberfeld. Im nördlichen China, in der „Löß"Gegend, erheben sich die Grabstätten als schmucklose Hügel aus gelbem Lehm, wie der Acker, dem sie entnommen sind, oder als Hundeställen ähnliche Hütten aus Holz und Stroh, und immer nur wenige reichere Gräber liegen mit etwas Steinschmuck unter Bäumen. Im Süden sieht man auf der Bahnfahrt rechts und links an den Bergwänden reichere, oft malerisch verzierte Grabstätten, der Überschwemmung und den Ackerflächen ferngerückt. Die Gräber sind ein wesentliches Hindernis für den Fortschritt in der Landeskultur. Es muß um sie herumgepflügt werden, kein Entwässerungsgraben darf sie anschneiden. Die abergläubische Angst hat öfters die Volkswut entfacht und zu Aufständen geführt, wenn Eisenbahnen und Wegebauten die Verlegung der Gräber erheischten oder landwirtschaftliche Reformer Meliorationen unter Nichtachtung der ländlichen Vegräbnisplätze durchführten.

 Eine unendliche Aufgabe liegt vor einer Regierung, die dieses Riesenvolk zu wirtschaftlichem Fortschritt und zu politischer Selbstbestimmung führen soll. Es gibt wohl einzelne Männer, die die Aufgabe erfassen. In Kanton ist mir ein Buch des Präsidenten Dr. Tsung-Ia-Tsen in die Hand gekommen, das er „Industrial development of China" betitelt hat. In grandiosen, fast phantastisch erscheinenden Zügen skizziert er die Notwendigkeit der Erschließung des Reiches durch Verkehrswege zu Lande und auf den Flüssen unter Berücksichtigung seiner Bodenschätze und landwirtschaftlichen Produktionsmöglichkeiten. Er entwickelt einen internationalen Finanzierungsplan auf gemeinwirtschaftlicher Grundlage, durch den er die friedliche Beteiligung der kapitalkräftigen Völker mit Geld und der technisch hochstehenden Völker mit Führern und mit Maschinen anstrebt, wobei er durch die Ineinanderbindung der Interessen – nicht des Privatkapitals einzelner oder privatkapitalistischer Truste, sondern der gemeinwirtschaftlich Zusammengeschlossenen – eine Garantie des Weltfriedens schaffen will. Daneben will er mit internationaler Hilfe das Bildungswesen aufbauen und die Sozialfürsorge für das Volk zur Parole machen.

Tsung-Ia-Tsen wird von den meisten für einen Phantasten gehalten, und man weist darauf hin, daß es sich bei ihm bisher immer nur um Pläne gehandelt habe. Ich glaube auch, daß sein Programm der wirtschaftlichen Entwicklung Chinas zunächst nur die Enthüllung einer Fernsicht bedeutet. Aber wenn China wirklich gesunde Schritte in seiner Entwicklung vorantut und hundert Jahre später die Enkel zurückblicken werden, dann wird man den Mann bewundern, der genial schaute, worauf es ankam, und der mit dem Scheinwerfer seines Geistes die Finsternis der Gegenwart beleuchtete.

Ich bin natürlich oft gefragt worden, was ich von der Zukunft Chinas denke, und wie ich glaube, daß dem Lande geholfen werden könne. Bei der Beantwortung dieser zunächst meist allgemeinen, dann aber in der Regel bis ins Speziellste gehenden Fragen habe ich keinen Zweifel darüber gelassen, daß ich mir nicht zutraue, wirkliche Ratschläge zu geben, sondern daß es sich nur um den Ausdruck meiner Gedanken handelte, die mich auf den Reisen durchs Land förmlich bestürmten. Für das Riesenreich mit den 400 bis 500 Millionen Einwohnern und mit seinen Ausdehnungen vom nördlich rauhesten Klima bis zur tropischen Zone, von dem offenen Meer mit seinen modernen internationalen Häfen und Handelsplätzen im Osten bis Zu dem Wüstengebiet des zentralen Asiens im Westen, muß staatsrechtlich dieses Problem gelöst werden: eine einheitliche starke Staatsgewalt und Volksrepräsentation, verbunden mit weitgehender Dezentralisation der provinziellen Befugnisse und Pflichten auf dem Gebiete der Verwaltung. Der moderne von Amerika beeinflußte Chinese denkt sich des Rätsels Lösung nach dem Muster der Vereinigten Staaten von Nordamerika. Aber das hieße völlig inkommensurable Größen schematisch in dasselbe Joch spannen.

Der demokratische Gedanke nach amerikanischem Muster ist für China für absehbare Zeit eine Unmöglichkeit, denn die Voraussetzung dafür wäre doch die Möglichkeit der Auswirkung des demokratischen Gedankens im sozialen Leben der Gesamtheit. Dazu wäre aber erforderlich: die Anerkennung der Handarbeit als gleichberechtigten Faktors des Wirtschaftslebens, die Beseitigung der falschen Rangunterschiede im gesellschaftlichen Verkehr, die Achtung vor dem Streben auch des kleinsten Anfängers im Lebenskampf, also mit einem Wort die Achtung vor der Person. Dazu kommt ein Zweites: Der Gedanke der persönlichen Freiheit und des Selbstbestimmungsrechts im Volk ist dem Amerikaner durch seine Geschichte selbstverständlich, soweit er oder seine Vorfahren als freie Männer in das Neuland Einzug hielten. Einwanderer sind freie Leute. Sie lassen die Gebundenheit im alten Land. Sie schaffen sich selbst ihre Lebensmöglichkeiten. Im Bewußtsein ihrer Freiheit ordnen sie den Staat.

Beide Voraussetzungen liegen aber in China nicht vor. Durch die formelle revolutionäre Beseitigung politischer und gesellschaftlicher Unterschiede ist noch keine Anerkennung, keine Achtung vor der Person geschaffen. In einem Lande, wo der Untere den Oberen im Schweiße seines Leibes im Trab durch die Straßen zieht und der Obere ihn gelegentlich durch einen Stoß mit dem Schuh in die Rippen zu flotterem Tempo ermuntert, wo einem auf offener Straße Kinder, kleine Mädchen, zum Kauf angeboten werden, wo, wie in Kanton auf dem Perlfluß, Tausende von Familien ohne Heimstätten am Lande in kleinen halboffenen Booten Winter und Sommer wohnen, die kleinen Kinder bisweilen wie Äffchen an Leibriemen mit Ketten angebunden und so gegen das Ertrinken geschützt werden, wo die Besucher von Tempeln durch lange Reihen unglaublich ekliger entblößter Krüppel und Bettler hindurchgehen müssen, die ihre aussätzigen Gliederstummel dem Fremdling entgegenstrecken, wo noch jeglicher Schutz vor Betriebsgefahren im Gewerbe fehlt und niemand an all diesem Anstoß nimmt, da ist wirklich noch kein Boden für eine Demokratie nach amerikanischem Muster. Und wo nicht freie Einwanderer sind, sondern tausendjährig fortgepflanzte am Ort klebende Generationen von Untertanen, deren weitaus überwiegende Mehrzahl Analphabeten sind, ohne Begriff von Selbstbestimmung ihres Lebens, von sozialer Zusammengehörigkeit verschiedener Stände und von kommunalem Eigenleben und Verwalten, wo tiefer Aberglaube die primitivsten Fortschritte der Lebensbedingungen, des Grundes und Bodens, hindert, wo die Unterscheidungsbegriffe politischer Rechte und Verhältnisse bei Millionen und aber Millionen fehlen, da ist die Aufrichtung einer Demokratie, die Schaffung eines parlamentarischen Systems auf demokratischer Grundlage nichts anderes als die gesetzliche Sicherung der bevorzugten Klassen, insbesondere der Reichen, in oligarchischen Rechten. Parlamentarisches System ohne den Aufbau eines Reiches zu einer Gemeinschaft politisch und kulturell urteilsfähiger Bürger ist Knechtung mit dem falschen Stempel der Freiheit. Die ganz praktischen Hindernisse der Betätigung im demokratischen und parlamentarischen Leben, die Armut der Bevölkerung und den Mangel an Verkehrsmitteln, brauche ich nur zu streifen. Was nutzt ein Wahlgesetz, wenn die Gewählten immer nur nach wochen-, ja monatelanger Reise zusammenkommen können? Wie sollen die Kosten des demokratischen Apparates aufgebracht werden, der erfahrungsmäßig viel teurer ist als ein bureaukratischer, vorausgesetzt, daß die Staatsverwaltung eine geordnete und das Staatsbeamtentum ehrlich ist?

Hieraus ergeben sich die staatsrechtlichen und wirtschaftlichen Folgerungen für den Aufbau des chinesischen Reiches. Eine starke zentrale Gewalt muß geschaffen werden, die den Machtgelüsten provinzieller Gewalten und den unberechtigten Eingriffen des Auslandes gegenüber nicht wehrlos dastehen darf. Sie muß die auswärtige Politik leiten und die Grundlagen geben für die wirtschaftliche Entwicklung des Reiches durch Verkehrsstraßen und durch Regulierung der Ströme, deren Überflutungen die Hungersnöte mit sich bringen. Sie muß ein gerechtes Steuersystem für die zentralen Aufgaben einführen, um in Reichsangelegenheiten nicht Kostgänger der Provinzen zu werden und sich dadurch von vornherein verhaßt zu machen. Sie muß die erforderlichen Fundamentalgesetze für die wirtschaftliche, soziale und kulturelle Hebung des Landes erlassen, in deren Rahmen die Provinzen die Ausführungsgesetze mit zwingender Kraft erlassen können.

Der Schwerpunkt des staatlichen und des Volkslebens muss aber in den Provinzen liegen. Hier wird es in erster Linie darauf ankommen, daß Lehrer ausgebildet und entsprechend dem Wachstum des Umfanges eines geeigneten Lehrerstandes das Volksschulsystem ausgebaut wird. Das Volk muss aus dem Tiefstand der Verbildung und Unkultur zu sittlicher, sozialer und wirtschaftlicher Freiheit emporgezogen werden. Das Volk muss zu einem bewussten Widerstand gegen die widerrechtlichen Gewalthaber von oben und von unten, d. h. der militärischen Usurpatoren und der organisierten Räuberbanden erwachen; sein Selbstschutz muss organisiert und staatlich unterstützt werden. Die Hebung der Landwirtschaft, als des überwiegenden Faktors der Volksernährung und des Volksreichtums, muss systematisch erfolgen. Es müßten in jeder Provinz eine größere Zahl staatlicher Domänen eingerichtet werden, mit fremden Pächtern als Lehrmeistern, um als Musterwirtschaften für den Ackerbau und namentlich auch für die Viehzucht, die Pflege der Nutzholz- und Obstbäume zu wirken. Die bäuerlichen Besitzer müßten genossenschaftlich zur Erfassung ihrer gemeinsamen Meliorationsund Betriebsausgaben zusammengeschlossen werden. Von vornherein muss der finanziell schöpferische Gedanke des Genossenschaftskredits für die Landeskultur nutzbar gemacht werden. Das bisherige Kreditwesen, das auf der Ausnutzung des Einzelschuldners beruht und unerhört hohe Zinsforderungen zeitigt, muss durch die Schaffung der Gesamtschuldnerschaft ausgebaut werden. Die Zinsschuldner müssten weitgehend entlastet werden. Dadurch würden sie kreditfähiger, ohne die Sicherheit der Gläubiger zu gefährden, und gewaltige Geldmittel könnten, gesichert gegen Ausfälle, für die Hebung des Wirtschaftslebens flüssig gemacht werden. Die Zusammenfassung der einzelnen Meliorations-Genossenschaften könnte die Grundlage für die Riesenverbände geben, auf die der Staat sein Flußregulierungswerk aufsetzen kann.

In den Händen der Provinzen müsste auch das Fach des Höheren und Hochschulwesens liegen, das die Menschen für die technischen, industriellen, kommerziellen und kulturellen Aufgaben zu erziehen hätte. Und auf diesem Gebiet ist in China immerhin eine erstaunliche Entwicklung bereits zu beobachten. Früher suchten die Chinesen ihre Bildungsbedürfnisse vorzugsweise in Japan zu befriedigen. Tausende von Lehrern und Schülern gingen nach Tokio auf die dortigen Höheren Schulen und zur Universität. Das hat aufgehört. Die Beziehungen zwischen China und Japan wurden auf allen Gebieten loser und gespannter. Das Bestreben geht jetzt dahin, in Amerika und Europa diesen Anschluß zu finden. Schon im Jahre 1922 gab es 3000 chinesische Studenten in Europa und 1800 in Amerika. Auch in China selbst wächst die Zahl der Studenten mit großer Schnelligkeit. Ein chinesischer Kenner der Verhältnisse urteilt in einem Aufsatz, den er in „The Student World" zur Information der Konferenzteilnehmer in Peking schrieb, daß trotz der Ungunst der Verhältnisse der Trieb nach Bildung erstaunlich groß sei. Es gäbe mehr Studenten, als in den Schulen unterrichtet werden könnten. Privatschulen schössen auf wie Pilze. Aber hierin liege eine Gefahr. Es müßten mehr und bessere Elementar- und Mittelschulen gegründet werden, damit die Universitäten, die sämtlich mit amerikanischen Mitteln gegründet und unter amerikanischem Einfluß geleitet werden, tüchtigen Nachwuchs erhalten.

Von dem Erfolg der Heranbildung der chinesischen Bevölkerung wird es abhängen, ob und wann eine wirksame und für das Reich segensreiche Volksvertretung geschaffen werden kann. Daß die Zeit noch fern ist, wo ein einheitliches, ganz China umfassendes Parlament der Träger der Volksrechte werden kann, ist oben bereits ausgeführt. Eine gesunde Entwicklung scheint mir auf dem Wege erreichbar, daß Provinzparlamente der Selbstverwaltung geschaffen werden, und daß von hier aus Abgeordnete zu einem Volksrat organisiert werden, der als Kontrolle und sachverständiger Beirat verfassungsmäßig neben die Zentralregierung tritt. Nur in allmählichem Ausbau der Volksrechte kann das in chinesischen gebildeten Kreisen Herr-schende Ideal demokratischer Volksvertretung erreicht werden. Eine unvermittelte Übertragung amerikanischer Demokratie auf China würde die Fundamente des alten Kolosses verhängnisvoll erschüttern und den Verfall der viertausendjährigen Einheit herbeiführen.

Viertes Kapitel

Amerika in China

Wenn man auf die Frage, wie China zurzeit zum Auslande und zu den Ausländern stehe, wieweit abendländisches Wesen in China eingedrungen sei, mit einem Satz antworten müßte, so könnte man nichts anderes sagen, als daß Amerika China im Frieden erobert hat. Man muss hierbei nicht an offene Häfen wie Hongkong und Shanghai denken, die schon seit Jahrzehnten vom alten China losgelöst und der Neuentwicklung erschlossen sind. Man muss ins Innere reisen, man muß Städte wie die Hauptstadt Peking, Tientsin, Nanking, Canton, Hankau besuchen und wird mit Verwunderung feststellen, daß Amerika in Sprache, Anschauung, Lebensweise fast ausschließlich tonangebend ist. Der moderne chinesische Student versankt seine beiden Hände mit derselben Gründlichkeit in die Tiefen seiner Hosentaschen wie sein Vorbild, selbst wenn er mit einer Dame oder einem älteren Mann spricht. Er streckt seine Beine im Schaukelstuhl von sich und begrüßt Menschen, die man selbst im modernen Deutschland immer noch als Respektspersonen ansehen und behandeln würde, mit lautem: Hallo, Doktor! How y'e do? Und ganz echt Gefärbte klopfen einen hierbei wohl vertraulich und derb auf die Schulter. Die ganze Aufmachung der Konferenz, die Leitung der Debatten, die Form der Abstimmungen, die Rede und Gegenrede bei öffentlichen Begrüßungen, der Gang der gemeinsamen Mahlzeiten und die Speisefolge, die Festsetzung der Gegenwartslisten, die Bezeigung von Beifall – alles amerikanisch. Aber nicht nur Äußerlichkeiten, sondern die Art zu reden, zu disputieren, zu denken, die Stellungnahme zu inneren Fragen des Volkstums, der Religion, der Politik, – alles ist beeinflußt durch die amerikanischen Lehrmeister.

Die amerikanischen Kulturträger sind die „Young Men's Christian Associations" (YMCA), die Christlichen Vereine Junger Männer. Die Christlichen Vereine Junger Männer haben ihren Ursprung und ihr eigentlichstes Wirkungsgebiet in den Vereinigten Staaten von Nordamerika. Sie sind aber gegenwärtig über die ganze Welt verbreitet und sind neben den Organisationen der Äußeren Mission in den nichtchristlichen Ländern die stärksten Träger christlicher Gedanken und christlicher Kultur. Überall, wohin wir in China kamen, fanden wir die YMCAHäuser, große mustergültig eingerichtete Stätten der Jugendpflege. Sie stehen nicht in entlegenen ruhigeren oder billigeren Vierteln der Stadt, sondern in den Hauptverkehrsadern, weithin sichtbar, abends hell erleuchtet, freundlich jedem geöffnet, der kommen will. Behagliche Empfangsräume, Lesezimmer, Eßräume, nach allen Regeln und Anforderungen des Sports eingerichtete „Gymnasiums" (Turnhallen) und, wenn irgend möglich, ein großes Schwimmbassin. Sprachkurse, selbstverständlich englisch, Unterricht in Schnellschrift und Bibelkurse für diejenigen, die die eigentlich treibende Kraft dieser Fürsorgearbeit, die in Christi Wort und Nachfolge begründet liegt, in ihrer Quelle kennenlernen wollen. Die Leiter und Lehrer sind hier vorwiegend Amerikaner. Sie sind im besonderen Sinne für diesen Dienst vorgebildet und jeder nach seinen Fähigkeiten für die einzelnen Arbeitszweige trainiert. Es handelt sich hier um Lebensberufe, nicht etwa um nebenamtliche, vorübergehende Betätigung in christlicher Liebesarbeit.

Für die Zwecke der YMCA wird im Heimatlande und in China aufs eindringlichste und energischste geworben, und es stehen Millionen und aber Millionen zur Verfügung. Die Geldgeber in Amerika und im Auslande sind nicht etwa alle „Christen" im besonderen Sinne eines persönlichen Bekenntnisses und eines Christus gehorsamen Lebens, wie sie in Deutschland hinter dem Ausbau der Inneren und Äußeren Mission zu stehen Pflegen, – es ist die sehr viel breitere Masse der Wohlgesinnten, die mit dem auf das Praktische sehenden Auge des Amerikaners erkennen, daß ein in einem Christlichen Verein Junger Männer aufgenommener und lebender Buchhalter oder Werkführer oder Kassenbote im Zweifel ein fleißigerer, zuverlässigerer Mann ist, daß ein sittlich rein lebender junger Mensch gesünder und ausdauernder ist als einer, der seiner laxen sittlichen Auffassung wegen die Luft eines YMCA meidet. Sicher tragen auch die politischen Erwägungen viel dazu bei, daß für die Arbeit der YMCA Geld, viel Geld geopfert wird, auch von solchen, die eigenem christlichen Leben fernstehen. Denn es ist einleuchtend, daß die Beziehungen, welche zwischen den christlichen jungen Männern des Auslandes mit ihren amerikanischen Lehrern und Freunden geschaffen werden, starke wirtschaftliche Folgen haben. Wer mit einem amerikanischen YMCA-Sekretär befreundet ist, wird die äußeren Requisiten eines modernen jungen Mannes aus den Quellen beziehen, aus denen jener schöpft, und die amerikanischen christlichen Sekretäre und ihre Frauen sind meist vortrefflich und geschmackvoll gekleidet, haben tadellose Tennisraketts und Golfschläger, und ihre Wohnungen sind mit gutem Geschmack ausgestattet. Solche Beziehungen beleben den Handelsverkehr. Dazu kommt in den zahlreichen Schulen, die von den YMCA.s gegründet und unterhalten werden – Chemical-, Technical-, Medical-Colleges – die Versorgung mit Lehr- und Lernstoffen, mit technischen Modellen, Instrumenten, Apparaten, deren Bestellung doch selbstverständlich von amerikanischen Lehrern in amerikanische Bezugsquellen und Vetriebsstätten geleitet wird. Mit einem amerikanischen Wort, auf die Frage: Does it pay? Macht es sich bezahlt? muß auch eine christliche Fürsorgearbeit bejahende Antwort geben können, sonst schwindet das Interesse derjenigen, welche wegen persönlicher oder allgemein-volkswirtschaftlicher Gewinne beisteuern. Nur in diesem Sinne ist zuzugeben, was Kritiker amerikanischchristlicher oder auch im allgemeinen christlicher Propaganda in Ländern wie China behaupten, daß es sich nämlich nicht in erster Linie um christliche, sondern um rein finanzielle Ziele handle. Man begegnet draußen und in Amerika, nicht selten auch bei Amerikanern, der Auffassung, daß, wenn Rockefeller das viele Geld für Colleges wie das wundervolle Medical-College in Peking ausgebe, er es nur deshalb oder doch mit deshalb tue, weil die YMCA-Sekretäre seine

Olagenten seien. Das sind leichtfertig oder bösartig hingeworfene Urteile Übelgesinnter, die ich nur deshalb erwähne, damit ein Unkundiger, der auf solche Äußerungen stößt, ihnen nicht ungerüstet gegenübersteht. Wir haben in den YMCA-Sekretären eigentlich ohne Ausnahme ganz vortreffliche, ideale und selbstlose junge Leute kennen gelernt, die mit rückhaltlos anzuerkennendem Geschick in ihrer Arbeit standen und uns zuvorkommend Einblick in sie gewährten. Ich werde noch an anderer Stelle darauf näher einzugehen haben, wie ich erhebliche Unterschiede in Ziel und Wegen christlicher Missionsarbeit bei Amerikanern und bei Deutschen sehe, wie ich in der übertriebenen Betonung des Wertes äußerer Organisation und rein praktisch-ethischer Aufgaben und in der mechanischen Auffassung christlicher Wahrheiten, in unzulässiger Verquickung politischer und biblischer Begriffe von Demokratie und Reich Gottes, Gefahren für das Christentum in Amerika und in amerikanisch beeinflußten Ländern erblicke. Aber die gerechte Beurteilung der Amerikaner in China fordert es, daß ich meine hohe Bewunderung ausspreche für das, was geleistet worden ist, und daß ich wohl wünschte, wir lernten von ihnen, den Chinesen in selbstloser Weise die Kulturwerte vermitteln, die wir ihnen zu bringen haben und die sie im Grunde jetzt von uns erwarten.

Es gab nach einer uns in Peking vorgelegten Statistik im Jahre 1921 insgesamt 176 von der Jungmänner-Organisation eingerichtete Universitäten, Hochschulen und sonstige Schulen in China. Im Jahre 1913 waren es erst 105 gewesen, die Kriegs- und Nachkriegszeit war also eifrig ausgenutzt worden. Im Jahre 1921 waren 36258 Schüler gegen 11 606 im Jahre 1913 in diese Unterrichtsanstalten aufgenommen. 21470 wurden selbst Mitglieder der YMCA.s; getauft wurden nur 1723, aber an den Bibelkursen beteiligten sich 11 122.

Die zuletzt genannten Zahlen ergeben, daß die Anstalten an eine verhältnismäßig große Zahl von jungen Männern herankommen, daß aber zum Christentum von 36000 nur 1700, also nur 5 von Hundert übergetreten sind. Von einer besonders starken Flutwelle christlicher Bewegung durch die Arbeit der YMCA kann also noch nicht gesprochen werden. Das Arbeitsziel ist allgemeine sittliche, kulturelle, soziale und hygienische Hebung der Jugend. Hierauf richtet sich auch die Propaganda, die Reklame für die Sache. Ein beliebtes Plakat für die Werbung ist die Figur eines wundervoll gewachsenen Jünglings, der sich mit den über dem Kopf zusammengeschlagenen Händen vornüberneigt, um mit einem tadellosen Kopfsprung in die Flut des Schwimmbassins zu tauchen. Im Bogen über ihm stehen die Worte: „Swim, swim, swim!",und dann folgen unten die Mitteilungen, wo man diesen kräftigenden Genuss haben kann und wo und wie und zu welchen Bedingungen man die Mitgliedschaft der YMCA erwirbt. Im Hause selbst ermahnte uns hier und da ein Spruch, der an den Treppenaufgängen oder an sonst sichtbarem Platz aufgehängt war: Watch your pepp! Kein Lexikon sagt uns, was „pepp!"ist, was unser „pepp"ist, auf das wir achten sollen. Man erklärte uns lachend, „pepp" sei ein Scherzwort, wir könnten es vielleicht neben deutsche, auch nicht allgemeinübliche Ausdrücke setzen wie „Murr" oder „Forsche". Achte auf deine Körperkraft und Elastizität! Und man sah es: „Watch your pepp" war wirklich die Parole.

Wenn man in den Turnsaal trat: eine fröhliche, in begeistertem, sportmäßig tadellosem Spiel tätige Schar. Es war in der Regel in der Mittagspause, wenn wir im Turnsaal waren. Die jungen Leute kamen aus Vorlesungen, aus Bureaus und kaufmännischen Betrieben. Bei der sommerlichen Wärme übten sie fast unbekleidet, und es war mir als einem Kenner ostasiatischer Eigenart aus früherer Zeit überraschend, wie gelenkig und kräftig, wie schnell und entschlossen die Bewegungen der Chinesen waren, die nach Volkserziehung und Kleidung immer mehr dazu neigten, sich feierlich gemessen zu bewegen, stundenlang in Hockstellung zu sitzen und körperliche Anstrengungen den Kulis zu überlassen. Es war eine Innehaltung der Spielregeln zu beobachten, die die Idee des Sportes für das Zusammenspiel voll erfasst zu haben schien. Man sah, es kam nicht darauf an, die Gegner so schnell wie möglich durch überstarke, überraschende, womöglich hinterlistige Würfe des schweren Balles zu besiegen; oder sich in der Partei hervorzudrängen, um den Ruhm des Besten und Unbesieglichen zu haben, sondern Freude am korrekten Hin und Her des friedlichen Kampfes, restloses Bewundern tüchtiger Leistungen der Gegenpartei, in der eigenen Partei williges Unterordnen unter den Führer, kameradschaftliches Unterstützen der Genossen. So war das Spiel eine feine Schulung zu strenger freiwilliger Unterordnung unter das Ganze und zur Selbstzucht.

Wenn so der Körper durchgearbeitet und die von der Morgenarbeit angestrengten Nerven entspannt und wieder gekräftigt waren, dann geht es ins Schwimmbad, und wie eine Schar fröhlicher Seelöwen tummeln sich die jungen Leute im Wasser. Eine Beobachtung will ich hier vorwegnehmen, die wir später in einem YMCA-Hause in San Franzisko machten. Auch dort in Sporthalle und Schwimmbad das gleiche Bild. Aber eins war uns neu. Als wir in die Schwimmhalle traten, überraschte uns der Anblick der völlig unbekleideten jungen Männer. Wie Gott sie geschaffen hatte, liefen, sprangen und schwammen sie umher, und es lag darin eine naive, kindliche Reinheit und Natürlichkeit. Nur ein sittlich und körperlich gesunder Mensch bewegt sich so rein und frei. Aus dem Schwimmbad geht es dann in die Essräume. Die Mahlzeiten werden kurz und ohne alkoholische Getränke eingenommen, und nach insgesamt zwei Stunden Pause geht alles erfrischt wieder an die Arbeit.

Vor meinem geistigen Auge tauchen in der Erinnerung Gestalten aus meiner Studentenzeit auf. Damals war der Frühschoppen allgemein, insbesondere bei den Verbindungsstudenten. Bei den Corps war er „offiziell", der Nachrichtenverkehr zwischen den Corps vollzog sich in festen Formen während des Frühschoppens. Getrunken wurde meist Bier und andere alkoholhaltige Getränke und oft in nicht geringen Quantitäten. Die Getränke auf den leeren Magen riefen Unlust zum Essen, Appetitlosigkeit hervor, und beim gemeinsamen Mittagstisch wurde oft am Essen gemäkelt und wenig gegessen. Viel unberührtes Essen wanderte in die Küche zurück. Arbeitsmüdigkeit und Schläfrigkeit beherrschten den Nachmittag. Wie viele Deutsche sind früher am

Frühschoppen zugrunde gegangen! Ich weiß, daß es in der neuen Zeit, schon vor dem Krieg, besser geworden ist. Der Sport wurde auch bei uns zum Lehrmeister der Enthaltsamkeit. Der Krieg und die Teuerung der Nachkriegszeit zwangen viele, die freiwillig nicht vom übertriebenen Gebrauch des Alkohols gelassen hätten. Aber trotz der Not der Zeit, trotz der Erkenntnis des besseren Weges, lassen sich wieder viele junge Deutsche in die Fesseln des Alkohols schlagen, und ein besonders schauerliches Zeichen der Zeit ist das Überhandnehmen der Likörstuben und der heimliche Genuss schwer sinnberauschender Getränke und Narkotika. Die Zeit macht hastig, friedlos und nervös, das böse Gewissen verlangt Betäubung, und während früher ein gemütlicher Früh- und Dämmerschoppen genügten, um gegen Selbstkritik abzustumpfen und selbstzufriedene Stimmung auszulösen, muss jetzt in verschärftem Genuss der peinigende Stachel im Herzen abgestumpft und künstlicher Mut geschaffen werden. Wir können viel von der Erziehung zur Gesundheit und Nüchternheit lernen. Die Fürsorgearbeit der YMCA in China steckt sich aber noch weitere soziale Ziele, insbesondere auf hygienischem Gebiet. In Shanghai ist ein großes Bureau für „Public health education", für Unterweisung in dem Ausbau der öffentlichen Gesundheitspflege. An der Spitze steht ein Amerikaner deutscher Abstammung, Dr. Peters, in dessen gastlichem Hause wir für mehrere Tage freundliche Aufnahme fanden. Von dieser Zentrale aus wird in weitem Umkreis in chinesischen Provinzen Aufklärung in die sorglose stumpfe Bevölkerung hineingetragen, die von sich aus den schweren Gefahren des Volkslebens, der Tuberkulose, der Cholera, dem Typhus, der Kindersterblichkeit machtlos gegenübersteht. Mit drastischsten Mitteln, Versammlungen, Umzügen, Kinodarstellungen, realistischsten Bilderbogen und mit praktischer Unterweisung wird den Übeln zu Leibe gegangen. Dr. Peters veranstaltet Feldzüge größerer Kampforganisationen gegen die Feinde des Volkslebens, die wir in ergötzlichen Bildern an uns vorüberziehen sahen. Mit mehreren tausend Studenten sucht er dann eine größere Stadt auf, die noch mitten in der vollen Unkultur steckt: schmutzige Straßen, offene Latrinen neben den Häusern, gewaltige Fliegenplage, große Unsauberkeit in den Wohnungen, Einnahme der Mahlzeiten schwer Schwindsuchtkranker zusammen mit den übrigen Familiengliedern aus ein und derselben Schüssel, Ausspucken des infizierenden Schleims auf die Fußböden, auf denen kleine Kinder hinund herrutschen, – kurzum heillose Zustände! Es wird dann ein großer Umzug mit Musikkorps, Fahnen, Plakaten und bildlichen Darstellungen veranstaltet. Vorangetragen wurde eine ungefähr dreifach lebensgroße Figur mit fahler Maske und langem weißen Gewände: die Cholera, und neben ihr die Figur eines kleinen Mannes als Ankläger. Während des Umzuges weist er die Cholera rechts und links auf die Krankenbetten hin, die auf den Straßen stehen und in denen Studenten mit gelblichweiß geschminkten Gesichtern als Cholerakranke liegen, als spräche er: „Siehst du, hieran bist du schuld!" Tausende von Menschen ziehen mit, ihre Aufmerksamkeit wird rege, sie nehmen die Bogen, auf denen in der Bildersprache die Not, das Elend, der Schmutz und der Tod und die Mittel dagegen dargestellt sind, und die ganze Stadt spricht nur von diesen Darstellungen. Dann werden Tausende von Studenten in Gruppen und schließlich in Untergruppen von 3 Mann geteilt, in ihre Quartiere geschickt und besuchen jedes Haus und erklären an der Hand der Bilderbogen, wie die Schwindsucht doch rettungslos von der kranken Mutter auf die Kinder übergehen muß, wenn sie die vorher von ihr benutzten Eßstäbchen den Kleinen in den Mund steckt, wenn sie in die Stube spuckt, von der die Kinder heruntergefallenes Gebäck und Zuckerstückchen auflesen und essen. Sie zeigen ihnen, daß die Kranken in einem besonderen Raum schlafen müssen und wie man ihre Nasentücher auskochen muß. Sie säubern die ganze Wohnung und die Umgegend der kleinen Häuser von Schmutz und Kehricht, bringen einfache Vorrichtungen zum Fangen und Töten der Fliegen an, veranlassen die Impfung der Kinder und zeigen, wie man verdichtete und saubere Tonnen zur Aufnahme der Exkremente aufstellen muss. So wandern sie in ihrem Bezirk von Haus zu Haus und wiederholen nach kurzer Zeit diese Besuche, ermähnen die Lässigen, loben die Folgsamen und verlassen die Stadt erst nach

Wochen, wenn wirklich Erfolge zu verzeichnen sind. Der Ertrag der Arbeit ist bisweilen ganz erstaunlich. Dr. Peters zeigte mir das Telegramm eines Gouverneurs, der aus einem früher schlimmen Choleraort seinen Dank sandte, weil in dem Jahr nach der Sanierung kein Cholerafall vorgekommen war. Er nannte seinen Dank einen Gruß aus der „Isle of safety in the sea of danger", „aus der Insel der Sicherheit im Meer der Gefahren". – In einer anderen Stadt im Innern des Landes hat Professor Heim gesehen, wie die YMCA-Leute in industriellen Betrieben die Funktionen der Gewerbeaufsichtsbeamten übernommen hatten. Sie veranlaßten die Unternehmer, bessere Arbeiterwohnungen mit hygienischen Einrichtungen zu schaffen, Schutz gegen Betriebsgefahren anzubringen und gesundheitsschädigende Beschäftigung von schwangeren Frauen oder von kleinen Kindern abzuschaffen. Die Unternehmer waren ihnen dankbar, denn sie spürten die Besserung im Betriebe auch nach der Seite der Rentabilität hin, und das muß eben in China hinzukommen, weil dort die geringe Einschätzung des Wertes der Einzelleben das Hemmnis für Betriebsverbesserungen ist. Wenn man einem chinesischen Unternehmer vorhält, daß er wegen mangelhafter Schutzvorrichtungen an seinen Maschinen den Tod von Kindern verursache und sich haftbar machen könne, dann rechnet er kaltblütig vor, daß die Schutzvorrichtung 3000 Dollar kosten würde, während das Schadensgeld an die Familie für eine getötete Tochter höchstens 5, für einen Sohn höchstens 10 Dollar betragen würde, und daß es deshalb viel billiger sei, die Schutzvorrichtung zu sparen und die Schadensgelder zu bezahlen. Nach diesen Beispielen und Hinweisen kann man sich eine Vorstellung davon machen, welchen Eindruck die amerikanische Kultur, die Arbeit der YMCA-Organe, auf die Chinesen macht. Sie sehen die große Zahl der Schulen, der Universitäten; viele Tausende ihrer Söhne kommen alljährlich unter den Einfluß der Jugendheime und spüren den Segen der sozialen Arbeit. Auf der anderen Seite wird ihnen in ständiger zielbewusster Arbeit die Tatsache vor Augen gehalten, wie selbstlos sich Amerika im Vergleich zu anderen Nationen in irgendwelchen Ansprüchen an das Land verhält, wie es nie Territorien verlangt und das Sühnegeld nach den Boxerunruhen in Kulturwerken im chinesischen Reich angelegt hat. Da ist es sehr natürlich, daß eine weitgehende Dankbarkeit gegen Amerika besteht, und daß eine allgemein verbreitete Ansicht dahin geht, Amerika marschiere an der Spitze der Kultur und Zivilisation, Amerika sei das idealste und friedlichste Land, also seien amerikanische Staatseinrichtungen, ihre Demokratie, ihre wirtschaftlichen und kulturellen Zustände die vollkommensten in der Welt und die Freundschaft mit Amerika die Voraussetzung für ein Gedeihen und Aufblühen des chinesischen Reiches.

Fünftes Kapitel

Die Deutschen in China

Gegenüber dem weitgehenden politischen und kulturellen Einfluss und der offensichtlichen Übermacht der Amerikaner vor anderen Nationen in China könnte es nun fast ausgeschlossen erscheinen, daß Deutschland und die Deutschen dort eine angesehene Stellung haben, daß sie irgendwie eine Rolle spielen. Wir gelten doch als die Besiegten, die Brandstifter des Weltfeuers, die Schänder des Völkerrechts im Kriege und gelten als mit Recht durch den Frieden von Versailles bestraft. Unsere Vertreter Haben's ja unterschrieben, daß allein Deutschland Schuld am Kriege trägt, daß unter allen Nationen Deutschland allein für den Krieg bewaffnet und vorbereitet war, und deshalb muss jetzt „Germany expiate her crimes restlessly, and must be punished" – ja, verurteilt zu Strafe, nicht etwa als besiegt erklärt, die Verbrechen restlos büßen, nicht etwa bloß Kriegsentschädigung leisten. Diesen Makel tragen wir doch noch an uns, wie Kam sein Zeichen an der Stirn. Welche Deutschen sind denn hiervon ausgenommen? Die Strafe soll ja an allen Deutschen vollzogen werden, wir sind ja alle Boches, Militaristen, Imperialisten, wir haben ja alle, seitdem wir ein Deutsches Reich haben, „Deutschland, Deutschland über alles, über alles in der Welt!" gesungen, und das bedeutet ja nach der zweifelsfreien Interpretation der Amerikaner und Engländer: Deutschland über Amerika, Deutschland über England, also Deutschland als Weltbeherrscherin.

Lügen haben angeblich kurze Beine. Im Krieg ist das Sprichwort ausgeschaltet. Da gibt's feine, machtvolle Maschinen, die den Lügen lange Beine machen, daß sie über Länder und Meere schreiten und springen können, daß sie erst von England nach den Vereinigten Staaten überspringen und dann auch vom großen Stillen Ozean nicht aufgehalten werden. Die Maschinen können dunkle Nebel erzeugen, tiefschwarze Wolken der undurchsichtigen Lüge, und kein Poseidon der Wahrheit darf im Kriegszustande reinigende Winde schicken, die die Nebelschwaden zerstreuen. Noch jahrelang, nachdem sich das Gewitter verzogen hat, decken die Lügenwolken die Länder hüben und drüben. Nach sorgfältiger Erkundigung ist es mir über allen Zweifel erhaben, daß auch Mitglieder amerikanischer christlicher Organisationen China zum Kriege gegen Deutschland ermuntert haben. Hier mußte der Lügenteufel besonders feine Sprünge machen, um die friedlichen, idealistisch gesonnenen Kreise in seine Gefolgschaft zu zwingen. Hier galt's, an den eigenartigen Irrtum im Denken amerikanischer Christen anzuknüpfen, daß Deutschland als militaristisches Kaiserreich immer ein Hemmnis für das Kommen des Friedensreiches Christi auf Erden bleiben würde, und daß deshalb ein Niederringen Deutschlands eine heilige Aufgabe sei. Die Parole war: „To go into the war, to end the war" – in den Krieg ziehen, um den Krieg zu beenden, d. h. ihn ein für allemal aus der Welt zu schaffen. Also selbst die christlichenKreise suchten den Anschluß des chinesischen Reiches an die Feinde Deutschlands im Kriege nicht zu hindern. China kam zum Krieg mit Deutschland nicht, weil ein Kriegsgrund vorlag, sondern weil der große Feindbund gegen Deutschland das so wollte.

China entschloss sich später zur Kriegserklärung. Würde nun auch die Lügenwolke länger über dem Reich lagern? Würde die Stimmung gegen deutsche Delegierte noch unfreundlich oder wenigstens zurückhaltend oder geteilt sein? Würde es uns möglich sein, den Vorhang der Lüge, der falschen Vorstellungen über Deutschland in etwas zu lüften, der Wahrheit über Deutschland zum Siege zu verhelfen? Das waren die Fragen, die uns auf der Hinreise stark bewegten.

Ich habe bereits berichtet, daß die uns im Tstng-Hua-College entgegengebrachte Begrüßung über das Mass des Herkömmlichen weit hinausging, daß sie fast enthusiastisch zu nennen war. Wir haben uns dadurch nicht blenden lassen. Wir haben vorsichtig sondiert, wie tief diese Sympathie ging, was ihr zugrunde lag. Zunächst ist hervorzuheben, daß die Chinesen sehr nüchtern den? ken. Selbst wenn das alles wahr wäre, was die feindliche Presse uns untergeschoben hat und was dann in der Riesenschmachurkunde von Versailles mit Unterschrift und Siegel versehen worden ist, so würden die Chinesen sich hierüber nicht sonderlich entrüsten. Krieg ist Krieg, und in den Kriegen, die sie geführt haben, gab's stets viel Schauerliches. Sodann sind sie selbst vom Krieg unberührt geblieben; wozu dann noch im Haß sich nachträglich aufregen?

Den Forstbeamten, den wir auf der Fahrt von Shanghai nach Peking im Speisewagen trafen, fragten wir, was er von Deutschland, von seiner Schuld am Kriege und im Kriege dächte. Zur Antwort legte er sein Zigarettenetui und seine Brieftasche auf den Tisch und sagte, das eine möge jetzt englisches, das andere deutsches Einfuhrgut bedeuten. Alle Fragen, die an ihn gestellt würden wie die unsrigen, liefen bei ihm auf die praktische wirtschaftliche Frage hinaus: Was kaufst du lieber, deutsches oder englisches Einfuhrgut? Und die Frage beantwortete er: er zöge die deutsche Tasche vor. Er nahm sie mit lebhaftem Ruck vom Tisch und versenkte sie in seinen Busen. Die Bahnstrecke, auf der wir fuhren, war zur Hälfte von englischen, zur anderen Hälfte von deutschen Ingenieuren und Firmen gebaut worden. Er meinte, die deutsche Strecke halte 20 Jahre und die englische 10 Jahre, das sei jetzt erwiesen. Es sei doch also ganz klar, wen die Chinesen im Wettkampf der Bewerbungen vorzögen, wenn sie ohne politischen Zwang handeln könnten. Und für diese Entscheidung sei die Frage nach der Kriegsschuld völlig unerheblich.

Diese völlig nüchterne, geschäftliche Denkweise der Chinesen hat den Deutschen schnell wieder die Tore geöffnet. In Shanghai lebten schon wieder 800 Deutsche, und der Zustrom von Kaufleuten, Ingenieuren, Ärzten, Missionaren, Lehrern ist groß und wächst. Zwar sind die schönen deutschen Klubs von den Engländern, wie in Hongkong, oder auf Betreiben der Engländer von den Chinesen beschlagnahmt; das Fremdenviertel in Kanton, Shamin, und das einzige gute europäische Hotel in Kanton sind für die Deutschen gesperrt. Aber die Deutschen helfen sich so durch, und wenn irgendwo ein englisches Hotel den Deutschen dauernd verschlossen bleibt, dann werden die Deutschen ein neues Hotel bauen, und die deutschen Hotels sind gesuchter als englische, wie ja auch die deutschen Personendampfer von Engländern wie Amerikanern vor dem Kriege den Schiffen ihrer eigenen Linien vielfach vorgezogen wurden. In Kanton ist ein neues Fremdenviertel im Entstehen, das gesundheitlich und landschaftlich schöner liegt als Shamin auf seiner Insel zwischen Perlfluss und einem Bootskanal. Dort wohnt bereits der deutsche Vizekonsul, und auch die Berliner Missionsgesellschaft hat allerlei Pläne für ihre Anstalten auf diesem Gelände. Es ist nicht ausgeschlossen, daß hier ein Zug nach dem Westen einsetzt, und daß Shamin ausschließlich „City" wird. Dem Wiederaufblühen von deutschem Handel und deutscher Schiffahrt kommen natürlich auch die Valutaverhältnisse zugute. Unser Schiff „Münsterland" lief mit voller Ladung und konnte nicht alles mitnehmen, was ihm als Fracht angeboten wurde. Die französischen Schiffe der staatlich subventionierten Linie „Messageries Maritimes" lagen hoch aus dem Wasser, weil ihnen die Fracht fehlte. Manche Güter werden auch nur aus Gründen der Valutaspekulation verfrachtet wie der deutsche Zucker, den wir für Java, das größte Zuckerland der Welt, an Bord hatten. So ist der ganze Handels- und Schiffsverkehr zur Zeit nicht auf gesunden Grundlagen aufgebaut und wird nicht durch den natürlichen Ausgleich von Angebot und Bedürfnis geregelt, wie er in friedlichen Zeiten zum Segen der Menschheit die Güter vermittelte und austeilte und dem besten Gut, das zu vorteilhaftesten Bedingungen dargeboten wurde, den Sieg auf dem Markt verschaffte. Die Deutschen müssen damit rechnen, daß die Zeit nicht fern ist, ja daß sie in einzelnen Handelsartikeln bereits erreicht ist, wo sich der internationale Preisausgleich vollzieht und wo der billigere Preis dem deutschen Ausfuhrgut nicht mehr die Vorhand sichert.

Aber es ist für die deutsche Volkswirtschaft natürlich von außerordentlichem Wert, daß die gegenwärtige Preisbildung unseren Waren wieder Eingang im Auslande, namentlich in Ostasien, in einem Umfange verschafft, wie es ohne die den Markkurs schädigenden Vergewaltigungen unseres Wirtschaftslebens durch den Frieden von Versailles nicht der Fall sein würde. In dieser Beziehung fliegt die Keule, die die Feinde, in erster Linie Frankreich, gegen uns schleudern, im Bogen gegen ihr Haupt zurück. Aber die deutsche Industrie muss aufs ernsteste bestrebt sein, diese Zeit der zweifellos nicht völlig normalen Entwicklung zu benutzen, um durch Vorzüglichkeit der Waren und durch zuverlässigste Bedienung und Lieferung den Ruf des deutschen Industriellen und des deutschen Kaufmanns wieder in Ostasien zu befestigen. Hier liegen gewaltige Schwierigkeiten vor, weil die infolge der Valutaschwankungen ständig wechselnden Preise die Zuverlässigkeit der Lieferungen zu festen Vertragssätzen gefährden. Aber in manchen Artikeln wie z. B. Farbwaren, medizinischen Instrumenten, optischen und photographischen Geräten, chemischen Waren galt der Vorrang der deutschen Waren bereits wieder als gesichert.

Die baldige Wiederanknüpfung der guten Beziehungen zwischen chinesischen und deutschen Kaufleuten scheint auch darin ihren Grund zu haben, daß der Krieg die freundschaftlichen Bande zu unterbrechen in sehr vielen Fällen nicht imstande war.

Deutsche Kaufleute in Kanton führten uns in das Haus eines chinesischen Großhändlers ein, des sogenannten „Mattenkönigs" Shun-man, der während der ganzen Kriegszeit selbstlos und treu zu ihnen gehalten hatte. Der Besuch war von hohem Reiz und Interesse. Mitten in der alten Geschäftsstadt, in enge Straßen eingebettet, liegt das palastähnliche Gebäude dieses chinesischen Handelsherrn. Hier wohnt die „große Familie" auch der verheirateten Söhne, um mehrere Binnenhöfe gruppiert. Altchinesische Pracht, vor allen Dingen wundervolle Holzarbeit, verbindet sich mit mustergültigen Anlagen europäischen Komforts in Küchen, Anrichten, Waschräumen und Garderoben. Eine köstliche, vielseitige Sammlung alter und neuer Kunst- und Kunstgewerbeschätze in Bildern, Bronzen, Gläsern, Porzellanen, Schnitzereien in Elfenbein und Holz, und Sammlungen alter Schriften und Urkunden füllen prachtvolle monumentale Schränke, deren schwere Kupfer- und Messingbeschläge allein schon einen hohen Wert darstellen, und graziöse Glasschränke mit Spiegelscheiben. Jedes Hausgerät und jedes Sammelstück von vollendeter Schönheit und innerem Wert, nichts oberflächlich Gesammeltes oder Minderwertiges; das Ganze eine profanen Augen verborgene Pflegestätte alter Kultur.

Das uns gebotene Abendessen entsprach den Gewohnheiten verwöhnter reicher Chinesen. Die Chinesen sind außerordentliche Feinschmecker, und die Kochkunst ist bei ihnen in übertriebener Weise entwickelt. Die landläufige Auffassung, daß man in China faule Eier und andere Scheußlichkeiten zu essen bekomme, ist ein dem Kenner der Verhältnisse völlig unverständlicher Irrtum. Bei rein chinesischen Essen erscheint einem nur die Aufmachung ungewöhnlich. Man sitzt in den Restaurants auf kleinen Hockerchen meist an runden Tischen und ziemlich eng aneinander. Auf den Tisch werden in buntem Wechsel und in rascher Aufeinanderfolge die zahlreichen Gerichte, bis zu 50, in kleinen und kleinsten Portiünchen, bereits in der Küche in Stückchen zerteilt, aufgetragen, und jeder pickt mit seinen Hölzern das Stückchen aus den Schüsseln und holt sich auf seinen Miniaturteller, was ihm schmeckt. Es wird zwar stets frisches Serviettenpapier herumgereicht, um die Essstäbchen wieder sauber zu machen, aber es bleibt doch eine nicht ganz appetitliche Empfindung bestehen, die nach Verschwinden des Reizes der Neuheit die volle Genussfähigkeit in Frage stellt.

Im Hause von Shun-man war diesen Empfindungen voll Rechnung getragen. Die geschmackvoll zubereiteten Gerichte wurden jedem Gast auf einzelnen Tellerchen aufgetragen, und für diejenigen Europäer, die den Kampf mit den Essstäbchen noch nicht siegreich zu Ende geführt hatten, lagen abendländische Essbestecke bereit. Die gewechselten Tischreden, in Pigeon-Englisch gehalten, diesem wunderlichen Gemisch von Englisch mit chinesischen und anderen ostasiatischen Sprachbrocken, waren besonders interessant. Ein deutscher Kaufmann feierte den Hausherrn als Freund Deutschlands und schilderte, was er während des Krieges in selbstloser Treue an den Deutschen getan habe, und der Hausherr begründete schlicht und doch voll Selbstbewusstsein, was er als Mensch und Kaufmann an den Deutschen gehabt habe, und wie es seine Pflicht der Dankbarkeit sei, die Treue zu halten.

Den deutschen Kaufleuten und Missionaren ist es in den eigentlich chinesischen Städten während des Krieges leidlich gegangen, namentlich in Südchina, speziell in Kanton. Zwar wurde im Fremdenviertel Shamin alles beschlagnahmt, in erster Linie die offiziellen Gebäude, aber die Kaufleute selbst fanden gastliche Aufnahme auf dem Grundstück der Berliner Missionsgesellschaft, deren Leitung glücklicherweise vor dem Kriege einige größere Wohnhäuser für Vermietungszwecke errichtet hatte. Es wurde eine Polizeiwache auf die ganze Siedlung gelegt, die noch zur Zeit unseres Besuches dort stationiert war. Die Beziehungen zu ihr waren aber freundschaftlich, und sie bot mehr Schutz als unliebsame Beunruhigung und Kontrolle. Die deutschen Konsulatsgeschäfte lagen noch ganz inoffiziell – denn offiziell hatte Südchina noch keinen Frieden mit Deutschland – in den Händen des sehr geschickten und china-sprachkundigen Vizekonsuls Wagner, und anstatt des stolzen Generalkonsulats-Gebäudes in Shamin dient ein kleines, schmales, hohes kaufmännisches Geschäftshaus als Dienstgebäude, in seinen unteren Räumen mehr wie eine Wagenremise aussehend. Eine ganz schmale, kleine, steile Treppe verbindet die Stockwerke, jedes mit nur einem Zimmer. So müssen die Deutschen da draußen wieder von vorn anfangen, aber alle tun es mit mustergültigem Fleiß und unerschütterlicher Tatkraft.

Schwieriger als beim Handel ist die alte deutsche Stellung auf dem Gebiete der Wissenschaft und des Unterrichts wiederzuerlangen. Hier drückt die Not, der Mangel an verfügbaren Reichsmitteln, auf das schwerste. Andererseits aber ist das Fragen der Chinesen nach deutscher Hilfe besonders stark. Im MedicalCollege in Shanghai waren die deutschen Dozenten bereits wieder in voller Tätigkeit, und die mit diesem Institut organisch verbundene Ingenieur-Schule soll nach dem Wunsch der maßgebenden Kreise in China in erster Linie durch Deutsche geleitet werden. Es kommt darauf an, daß in China und in Deutschland leistungsfähige Organisationen geschaffen werden, und daß die bestehenden, wie in Deutschland der „Verband für den fernen Osten", in lebendige Fühlung zu den entsprechenden Komitees im Auslande treten. Sache der Deutschen kann es jetzt nur sein, den Lehrplan aufzustellen, für eine gewisse Einheitlichkeit der Lehrpläne auf den chinesischen Anstalten und, soweit möglich, auch in Beziehung zu deutschen Lehranstalten zu sorgen und vor allen Dingen unbedingt geeignete Dozenten hinauszusenden. Die sachlichen, die finanziellen Leistungen müssen den Chinesen obliegen. Eine andere Lastenverteilung ist zurzeit nicht möglich. Die Auswahl geeigneter Leute ist für das Gelingen dieses Planes der Verbreitung deutscher Kultur die Hauptschwierigkeit. So wichtig die wissenschaftliche Tüchtigkeit ist, sie darf nicht allein ausschlaggebend sein. Bei meiner ersten Anwesenheit in Ostasien vor 35 Jahren- habe ich in Japan die Erfahrung gemacht, daß hervorragend tüchtige und wissenschaftlich erstklassige Dozenten weder in der fremden Umgebung, auf die sie wirken sollten, den Eindruck machten, den ihr Können ihnen eigentlich verschaffen mußte, noch daß sie würdige Repräsentanten des Deutschtums waren. Es fehlten zunächst so häufig der Wille und das Geschick zu einheitlicher kollegialischer Zusammenarbeit mit deutschen Kollegen. Jeder wollte als der hervorragendste Vertreter deutscher Wissenschaft gelten. Hie und da bekriegte man sich literarisch, und wenn es nicht wissenschaftliche Streitpunkte waren, dann waren's bisweilen weniger würdige Streitfragen, etwa gesellschaftlicher Natur oder äußerer Ehrenbeweise. Manche spannen sich förmlich ein, verachteten die Benutzung von Gelegenheiten wie die des Sports, mit Fremden in Berührung zu kommen, und legten nicht genügend Wert auf die Beherrschung der englischen Sprache als der allgemeinen Umgangssprache. Wir müssen im Verkehr mit fremden Nationen zu lernen suchen, was in der Tat lernwürdig ist. Ich möchte jungen Freunden, die ins Ausland gehen, nicht empfehlen, sich alle die Manieren anzugewöhnen, die zahlreiche Amerikaner an sich haben und die uns oft nicht sympathisch berühren. Aber tadellos ist ihre Erziehung und Gewöhnung bei der Erfüllung von Pflichten als Repräsentanten ihres Hauses, als Lehrer in ihren Colleges, als Veranstalter gemeinschaftlicher Unternehmungen, kurz überall da, wo sie ein Amt übernommen haben, sich um andere, insbesondere auch Ausländer, zu kümmern. Gerade weil der Amerikaner, wenn er uns fremd und beziehungslos gegenübersteht, uns oft nicht gefällt, müssen wir um so mehr die Schulung bewundern, die ihm die Erfüllung gesellschaftlicher Pflichten zur Gewohnheit liebenswürdiger Formen macht. Vieles ist zunächst nur Form, ist äußerlich und mechanisch, man kann es schon bei Kindern beobachten; aber die fröhliche Selbstverständlichkeit liebenswürdigen Verkehrs schafft doch die Bahn zu freundschaftlicher Annäherung, und besonders wichtig ist, daß die Liebenswürdigkeit ein vortrefflicher Deckmantel für das starke nationale Selbstbewußtsein des Amerikaners wird, der im Grunde seines Wesens natürlich nur Amerikaner sein und bleiben will und amerikanisches Wesen für das vollkommenste unter der Sonne hält. In diesem Festgewurzeltsein im nationalen Selbstvertrauen und doch andererseits in dem gleichmäßig liebenswürdigen Eingehen auf die Bedürfnisse und Ansprüche des Fremden liegt mit der Grund der Sieghaftigkeit amerikanischen Wesens insbesondere bei Völkern ganz fremder Kultur, bei denen das Bedürfnis der Anpassung an andere Zivilisation rege geworden ist. Wir Deutschen sind jetzt in der Gefahr allgemeiner tiefer Abneigung gegen fremdländisches Wesen, insbesondere gegen unsere Kriegs- und Friedensgegner, und wir haben, weiß Gott, Grund dazu, uns in Bitterkeit auf uns selbst zurückzuziehen und die Zeiten abzuwarten, wo wir ihnen wieder mit gehobenem Haupt gegenübertreten können. Aber berechtigt ist diese Stimmung doch nur denjenigen gegenüber, die eine bewusst feindselige Politik gegen uns treiben, und gegen diejenigen, die, obwohl sie nicht am Ruder sitzen, doch zu bequem, zu oberflächlich, zu selbstzufrieden find, um der ihnen nahegebrachten Wahrheit die Ehre zu geben und ihr zum Siege zu verhelfen. Aber gerade weil unter den Feindvölkern, namentlich in Ostasien, ehrliches Streben nach Klarheit und Gerechtigkeit ist, müssen wir die nationale Verbitterung hinunterkämpfen und das Unsrige zur Verständigung beitragen. Und die, die hinausgehen wollen, müssen durch ernstes Studium, durch Verkehr mit Ausländern schon vorweg hier im Inlande, durch Offenheit gegen die Forderungen der Wahrheit und durch Schulung des Willens die schwierige Synthese lösen, das nationale Selbstbewusstsein zu wahren und doch ein warmes Herz und ein offenes Verständnis für das Leben und die Seele des Volkes und seiner Genossen mit hinauszutragen, unter dem sie wirken wollen.

Der Chinese kommt dem Deutschen mit Vertrauen gerade da entgegen, wo er wissenschaftlich lernen kann. Ich werde den Anblick nie vergessen, der sich mir immer bot, wenn ich zu einem Vortrage vor chinesischen Studenten das Wort ergriff. Die Tausende von Augen voll brennenden Interesses auf den Vortragenden gerichtet und regungslos ausharrend, trotz der Schwierigkeiten der Fremdsprache und der Gefahr der Ermüdung durch die Zwischenrede des Dolmetschers. Mein Vortrag über „Industrial Reconstraction", auf den ich später noch näher eingehen werde, hatte ihr Interesse in besonderer Weise erweckt, weil die soziale Frage auch ihnen brennend ist. Die Augen werden ihnen gewaltsam geöffnet. Sozialistische Propaganda setzt mit Macht in China ein. Boden findet sie vorläufig nur in den Hafenstädten und großen Industrie- und Handelszentren. In Hongkong war bis zu dem Tage, an dem wir ankamen, Streik der Hafenarbeiter. Der Hafen lag gedrängt voll Schiffen, die auf Löschung und Wiederverladung warteten. Die Frachträume waren übervoll. Es lagerten Massen von Gütern auf dem offenen Bollwerk, der Witterung ausgesetzt. Der Kampf war hart und für die Streikenden erfolgreich gewesen. Er hatte auch auf die Angestellten in den Häusern der Fremden übergegriffen, die aus Sympathie für die Arbeiter ebenfalls die Arbeit einstellten. Das war ein völlig überraschendes Novum, denn die chinesischen Bediensteten gelten als besonders willig, anstellig und treu. Mit einem Male war der Riss mitten hindurch gegangen. Er klafft, und die trüben Dämpfe gegenseitigen Misstrauens steigen auf. Als ich am 1. Mai in Kanton früh 9 Uhr eine Ansprache im YMCA-Haus gehalten hatte und nach einer Stunde in meiner Riksha wieder in mein Quartier zurückfahren wollte, war die ganze, mehrere englische Meilen lange Hafenstraße gesperrt durch einen endlosen Zug von Demonstranten mit roten Fahnen, Schärpen und sonstigen sozialdemokratischen Abzeichen. Sie feierten den 1. Mai. Wie mit Blitzlicht wird für die Studenten die soziale Not in ihrem Volke erleuchtet, und mit der Lebhaf-tigkeit, die dem Ostasiaten in der Erfassung neuer Erscheinungen anhaftet, andererseits aber auch mit der Tiefe des Nachdenkens und dem Drang, das Problem zu erfassen, stellt er sich auf die soziale Frage ein.

In meinem Vortrag hatte ich versucht, ihnen zu zeigen, wie ich eine neue Form der Gemeinwirtschaft als eines der Mittel zur Lösung der Frage ansehe, und hatte ihnen die deutschen Industrie- und Arbeiterverhältnisse geschildert. Das hatte sich auch unter den Studenten des Tsing-Hua-Colleges, die als Nichtchristen von der eigentlichen Konferenz ausgeschlossen waren, herumgesprochen, und sie sandten eine Abordnung zu mir, um mich zu bitten, doch vor ihnen allen einen Vortrag zu halten. Nach Benehmen mit der Konferenzleitung sagte ich dies gern zu und fragte sie, worüber ich zu ihnen sprechen sollte. Sie waren sich ganz einig, das Thema sollte lauten: „Germany before, during and after the war" – also Deutschland vor, während und nach dem Kriege. Das war freilich genug für einen Abend. Es konnte natürlich das alles nur gestreift werden, was hier zu sagen gewesen wäre. Aber was ich ihnen geben konnte, einen Rückblick auf die deutsche Geschichte von der Gründung des Kaiserreiches an, eine Zeichnung der Gestalten des alten Kaisers und Nismarcks, die Schilderung unserer Wehrmacht und des Beamtentums, die Darstellung der ehrlichen Versuche in der sozialen Botschaft Kaiser Wilhelms, die soziale Frage anzufassen, die aber trotzdem wachsende Entfremdung zwischen Besitzenden und Besitzlosen, die im letzten Grunde die Ursache unserer Niederlage war, das gab dann noch unerschöpflichen Stoff zu Einzelgesprächen, zu Erörterungen im kleineren Kreise, zur Klärung ihres Urteils über den Imperialismus und Militarismus Deutschlands und die wahren Gründe zum Krieg. Und indem ich vor ihnen sprach, wieder und immer wieder, trat mir selbst leuchtend vor die Augen, was wir im Kriege erlebten und was insbesondere die Studenten für Teil hatten an der großen furchtbaren Zeit. Von manchen Epochen preußischer und deutscher Geschichte wird in patriotischer Beschönigung von allgemeiner Begeisterung geredet, wo im Grunde nur ein Bruchteil der Bevölkerung aufrichtig und rückhaltlos teil am heiligen Feuer des Opfermutes hatte. Aber im August 1914 war die Flamme so groß wie nie zuvor, und das Eine bleibt vor aller geschichtlichen Kritik der Zukunft unbestritten: die akademische Jugend war fast restlos von der Heiligkeit der Aufgabe ergriffen und trat im reinsten Glauben den Vormarsch an. Bis zum Knabenalter hinunter, mit vorzeitigen Abschlussprüfungen, ließen sie sich einreihen und konnten nicht früh genug durchsetzen, an die Front geschickt zu werden, so daß der alte Hindenburg freundlich warnen musste, sie möchten ihm doch keine Konfirmanden mehr hinausschicken. Studenten- und Vaterlandslieder singend, sind sie in den Tod gegangen.

Der jahrelange Stellungskrieg und seine unvermeidlichen traurigen Folgen, die Verrohung der Sitten, die Auflösung des Vertrauensverhältnisses zwischen Vorgesetzten und Untergebenen, die Einreihung vieler minderwertiger Elemente in beiden Kategorien, die Gemeinheit der modernen Kriegswaffen, der Giftmittel, der Hungerblockade und der Lügenpresse, alles dies fiel wie Meltau auf das junge ideale Leben, auf das Blühen und den Fruchtansatz bei der deutschen Jugend, und was nicht schon bis dahin krank und sittlich faul wurde, schien schließlich der Sturm der Revolution losreißen und davonführen zu wollen.

Wir hatten eine schlimme Zeit des Überganges nach dem Kriege. Alles schien der Jugend vernichtet. „Begeisterung für falsche Ideale", „Fälschung der Geschichte", „Zertrümmerung des Glaubens an Gott, seine Gerechtigkeit und Liebe", „die ganze Staats- und Wirtschaftsordnung als verbrecherisch und sinnlos entlarvt", „die Lebensaussichten, das Studium und sein Ziel zerstört", – so scholl es aus den Reihen bei Versammlungen und Konferenzen. Die einen wollten alles zerschlagen, schlössen sich den radikalsten Umsturzparteien an und dachten, daß Neues nur auf den Trümmern der alten Welt erwachsen könne. Oder die christlichen „Edelkommunisten" revidierten in ernster Selbstbesinnung ihre Stellung zu Gott und Christus im praktischen Leben und glaubten den Grund zum völligen Versagen der alten Ordnung in der Kompromiss- und Halbheit-Stellung gegenüber den klaren Forderungen Jesu, wie er sie in der Bergpredigt ausgesprochen hat, zu erkennen, und forderten unbedingten Gehorsam gegen seine Lehre. Sie begannen hier und da mit dem Verzicht auf eigenen Besitz, sie lehnten nicht nur jeden Soldatendienst, sondern auch jeden Staatsdienst, der sein Ziel mit Gewalt durchzusetzen und den Bösen mit Zwang zu bestrafen sich für berechtigt hält, ab. Sie gründeten kommunistische Gemeinschaften auf der Grundlage der Gleichheit und der völligen Unabhängigkeit von materiellem Gut. Die Dritten, die Männer mit brutalem Gewissen und starrem Festhalten an der Vorzugsstellung der durch Besitz oder Geburt oder verfeinerte Lebenshaltung Ausgezeichneten forderten den starken Mann, der mit eiserner Faust die Staatsund Wirtschaftsordnung wieder herstelle. Das Volk müsse und wolle regiert werden. Vor allen Dingen könne an eine Gesundung nicht gedacht werden, wenn nicht eine völkische Reinigung stattfinde, wenn nicht die Vertreter von fremden Rassen ihres Einflusses auf das Volksleben entkleidet und den Deutschen ihr Deutschtum in ungetrübter Klarheit wieder geschenkt werde. Zwischen diesen Absteckungen der Kampflinie wogte der Streit in der deutschen Studentenschaft nach dem Kriege und der Revolution. Er wurde brennend bei den Wahlen zu den „Allgemeinen Studentenausschüssen" auf jeder Universität und Hochschule und bei den großen studentischen Tagungen der gesamten deutschen Studentenschaft. Die gemäßigten Elemente verhielten sich ruhiger und abwartend, und sie hatten recht. Denn das war klar: in dem allem, in dem brausenden Hin und Her, in der Aufregung der neuen Zeit, offenbarte sich das Fieber krankhafter Erregung, die Nachwirkung unerhörter Nervenanspannung und Überlastung.

Allmählich wurde es ruhiger, die Wogen glätteten sich. Es erwiesen sich die extravaganten Forderungen, die Ideale nach rechts und links, als undurchführbar. Die abgekämpften Fechter kehrten zu sich selbst, kehrten in ihre Familien, ihre Studierstuben, in die Hörsäle zurück. Ein hervorstechender Zug deutschen Wesens gewann wieder den Sieg: das

Streben, in der Arbeit zur inneren Ruhe zu kommen. Versäumtes musste nachgeholt, das praktische Ziel der Lebensstellung scharf ins Auge gefasst und unter Zurückstellung theoretischer Probleme die Wirklichkeit des Daseins erstrebt werden. Es wird auf den Universitäten mit einem Ernst und einer Kraftanspannung gearbeitet wie nie zuvor.

Die ausländischen Studenten, die in Scharen jetzt nach Deutschland kommen, größtenteils aus valutastarken Ländern, um billiger hier zu leben als daheim, stehen voll Verwunderung vor diesen Kraftleistungen geistigen Lebens. Auch die ostasiatischen Studenten hörten draußen mit Überraschung von der ungebrochenen Fortdauer des deutschen Kulturlebens. Ich habe sie darauf hingewiesen, wie aus der Geschichte der Deutschen ganz klar nachweisbar sei, daß gerade in Zeiten politischer Not, ja des schwersten Darniederliegens der äußeren Volkskraft, das geistige Leben nicht nur nicht verkümmere, sondern sich mächtig betätige, wie z.B. in den Zeiten der Fremdherrschaft unter Napoleon die Universität Berlin gegründet sei. Sie haben es aber auch völlig begriffen, daß die Gefahr für das deutsche Kulturleben, insbesondere auch das Universitätsleben, jetzt darum so besonders groß sei, weil die Absicht der Franzosen unmittelbar darauf gerichtet ist, Deutschlands wirtschaftliche Kraft und damit die Grundlage und Voraussetzung kultureller Entwicklung zu töten. Zur Zeit dieser Vorträge und Gespräche in China waren die Beweise für den völkerrechtswidrigen Zerstörungsplan gegen Deutschland noch nicht so handgreiflich wie jetzt nach Jahresfrist. Was damals nur als Drohung erschien, mit dem Zweck, einzuschüchtern und mürbe zu machen, ist jetzt fürchterliche Wirklichkeit geworden. Unter Verletzung des Friedens von Versailles, im Widerspruch mit den ihnen verbündeten Engländern, Amerikanern und selbst Italienern, benutzen die Franzosen eine nur unbedeutende Rückständigkeit in Kohlen- und Holzlieferungen, die Deutschland als Reparationsleistung verschuldete, um produktive Pfänder zu ergreifen. Sie sind „im Frieden" mit Maschinengewehren, Tanks, Artillerie und Kavallerie in ein wehrloses Land gekommen und besetzten es wie feindliches Territorium im Kriege. Die Lage für Deutschland ist fürchterlich. Es ist nicht bloß die Schmach der Wehrlosigkeit, die gepeinigte Ohnmacht, – nein, Deutschland leidet schlimmer als im Kriege. Mit großer Spannung und lebhaftester Anteilnahme hörten die chinesischen Studenten von der Not der deutschen Studentenschaft: Wie vielleicht nur 10 bis 15 von Hundert ausreichende Mittel zum Leben auf der Universität besäßen, wie Tausende kein eigenes warmes Zimmer hätten und sich in Wartesälen und Wärmehallen auswärmen müssen, wie viele sich kaum eine warme Mahlzeit am Tage leisten können, wie aber andererseits die Not sie zu kraftvollen Organisationen der Selbsthilfe zusammengeschweißt hat, wie sie in Bureaus, Bergwerken, an Hochöfen und in der Landwirtschaft, als Klavierspieler in Musikcafes, als Dolmetscher auf internationalen Messen und Märkten, als sprachkundige Fremdenführer für reisende Ausländer sich betätigen und Geld verdienen, wie sie durch genossenschaftlichen Einkauf die Lebensbedingungen verbilligen, sich gegen die weitere Entwertung der Mark durch Gründung einer bankmäßigen ValutaHilfe zu schützen suchen und inländischen und ausländischen Geldgebern und dem Reich den Mut und die Freudigkeit gegeben haben, ihnen das Betriebsgeld für eine große deutsche studentische Vorschußbank darzureichen.

Durch die Berichte von Professor Heim und durch meine Schilderungen wurden die chinesischen Studenten Zeugen des gewaltigen Kampfes um Sein und Nichtsein der deutschen Studentenschaft, des selbständigen deutschen Wirtschaftslebens und der deutschen Kultur. Das Interesse, das sie für Deutschland haben, hat aber auch seine inneren Gründe. Auch ihr Reich führt, besonders in den letzten Jahrzehnten, die sie kennen und von denen sie durch ihre Väter hören, einen ungleichen, schier aussichtslosen Kampf gegen die Vergewaltigung durch die Staaten der Welt. Innere Zerrissenheit wie in Deutschland lahmt die Widerstandskraft und macht auch sie zu Objekten der Willkür. Auch sie kennen die Sehnsucht nach Befreiung des staatlichen Eigenlebens von ungesunder Verquickung und Vermischung mit fremdländischem Wesen und doch nach Gleichberechtigung im internationalen Zusammenleben und nach friedlicher Lösung der Gegensätze. Sie sehen in der Geschichte der beiden Völker verwandte Züge und haben vor dem Volk Achtung, das sich durch Jahrtausende hindurch gegen seine Nachbarn behaupten musste und immer wieder, in den Zeiten der Völkerwanderung, nach den Wirren des Mittelalters, nach dem Dreißigjährigen Kriege, nach der Niederwerfung durch Napoleon, emporraffte und im Streit der Waffen, vor allem im Kampf der Geister stegreich und bahnbrechend wurde.

Ich glaube, daß es die Chinesen ganz elementar empfinden, daß die deutsche Art zu fühlen, zu forschen, den Kampf der Geister zu führen, zur Wahrheit hindurchzudringen, ihnen verwandter, kongenialer ist als die amerikanische. Es ist das Ungeschichtliche der Art ihrer Freunde aus den Vereinigten Staaten, was sie trotz der zweifellos großartigen Kulturarbeit der Amerikaner in ihrem Lande nach deutscher Hilfe ausschauen läßt. Die Amerikaner bringen das von ihnen als gut Erkannte als fertiges Exportgut auch auf geistigem und geistlichem Gebiet nach Ostasien und setzen ohne innere Bedenken und Schwierigkeiten voraus, daß es für China und Japan paßt. Es ist das Mechanische, das ausschließlich Praktische, daß sie propagieren, das nicht bloß auf dem Gebiet der Technik, des Verkehrs, bei der Gütererzeugung und ihrem Verkehr, sondern auch auf innerem und innerlichstem Gebiet herrschen soll, auf dem Gebiet der Wissenschaft, der Ethik, der Religion.

Die Amerikaner sind ein junges Volk. Sie stehen im Jünglingsalter ihrer Entwicklung. Jünglinge haben noch nicht die Neigung und die Fähigkeit, sich in innerste Gedanken und tiefstes Wesen anderer hineinzudenken. Sie setzen bei den anderen die Zustimmung zu ihren Idealen und Zielen als selbstverständlich voraus. Sie halten ihren Weg, ihre Mittel, ihre Art zu kämpfen und zu arbeiten, für richtig, ohne sich Gedanken darüber zu machen, ob bei den anderen die Voraussetzungen vorliegen wie bei ihnen. Dieser Glaube an sich selbst, der noch nichts weiß von zersetzender Selbstkritik, vom Zweifel in das eigene Können, von Pessimismus und Weltschmerz, macht die Amerikaner zunächst unbedingt siegreich, ihre Schaffensfreudigkeit muss mit sich fortreißen.

So predigen sie einem Volk wie den Chinesen die alleinseligmachende Staatsform der Demokratie, so verkünden sie die Durchführung einer Organisation selbstloser Liebes- und Kulturarbeit als den Zauberschlüssel zur Heraufbeschwörung des Kingdom of Christ, der Herrschaft Christi auf Erden, so deuten sie Christi Missionsbefehl: „Gehet hin in alle Welt und macht sie zu meinen Jüngern" in den anderen um: „Make them friends" – macht sie zu unseren Freunden, indem ihr sie sozial hebt, sie hygienisch Pflegt, sie sittlich fördert, ihnen Ideen von Freiheit beibringt,– swim, swim, swim! Watch your pepp! Die chinesische Jugend, insbesondere der Student erkennt die Kulturarbeit der amerikanischen YMCA.s. mit Dank an und lebt sich schnell in das Wesen seiner Freunde ein. Aber all das Neue, das sittlich Gute, das Freie, das angeboten und angezogen war wie ein europäisches Kleid, füllte doch die Sehnsucht nicht aus, löschte nicht den Durst. Woher kommt die Kraft, sittlich rein zu werden, woher strömt die Gewissheit über Gott, wie bekomme ich Frieden mit dem erkannten Gott? Sie stehen vor diesen großen Fragen und Problemen und suchen Verständnis. Das ist's, was sie zu uns zieht. Der Durchschnittsarbeiter in der amerikanischen christlichen Jungmänner-Organisation hat nichts übrig für das Wälzen von Problemen. Sie werfen uns Deutschen vor, daß wir über dem Problemewälzen die Zeit zum Handeln und zum Bessern verlören. Sie haben recht, wenn sie die tadeln, denen das Problem Selbstzweck wird, die sich aus Achtung vor dem Problem um die Entscheidung herumdrücken, und solche unfruchtbaren Geister gibt's gerade in Deutschland nicht vereinzelt. Aber Amerika hätte auch nie einen Luther geboren, und einem philosophisch tämpfenden und um Gott ringenden Buddhisten und Konfuzianisten kann am besten ein Deutscher helfen, der wie einst Luther bis aufs Blut darum gekämpft hat, aus eigener Kraft zum Frieden zu kommen und einen barmherzigen Gott zu erlangen, und der dann den aussichtslosen verzweifelten Kampf aufgab und sich im Glauben auf Gnade und Ungnade dem zu

Füßen warf, der die Menschen wahrhaft freimachen und erlösen kann, dem, der der Heiland der Welt ist. Und sie hürten's von uns, wie wir all die Probleme des Einzel-, des Gesellschafts- und des Volkslebens vom Standpunkt des durch Christus gewirkten Geistes und aus dem von ihm berührten Gewissen heraus zu lösen suchten, und sie fühlten's, daß dort die Quelle der Wahrheit liege. Was sollte es nutzen, wenn bei den Beratungen über die Möglichkeit der Ausscheidung des Krieges aus dem Völkerleben Beschlüsse gefasst werden sollten, daß nie wieder ein christlicher Jüngling die Waffen ergreifen dürfe, und man der Frage aus dem Wege ging, daß der Grund aller Feindschaft, alles Hasses auch der Völker gegeneinander in dem selbstsüchtigen, rücksichtslosen, geldgierigen, mammonistischen, mit einem Wort, dem sündlichen Wesen des Einzelnen und der Völker liege? Daß alle Debatten über die Schaffung ewigen Friedens auf Erden durch Völkerbund und Statuten auf das letzte große Welträtsel hinauslaufen müssten: Gibt's in diesem Non einen aussichtsreichen Endkampf gegen die Weltsünde und Verlorenheit? Oder ist dieser Kampf eine von Gott gewollte Pflicht derjenigen, die der göttlichen Fahne folgen und Wegbereiter sein wollen für ein kommendes Reich, das aber nicht Menschen und menschliche Organisationen herbeiführen, sondern eine von Gott selbst herbeigeführte Katastrophe? Muss nicht jeder Versuch der Lösung der Konflikte im Gesellschafts und Völkerleben beim Einzelnen, im eigenen Herzen und Gewissen beginnen? Christi letzter Befehl an die Menschheit ist Missions- und nicht Propagandabefehl gewesen.

Wenn wir in der Zukunft den Chinesen Ratgeber und Helfer sein wollen, müssen wir versuchen, ihnen auf den oft rätselvollen Pfaden der Eigenart ihres Wesens zu folgen. Sie fühlen's, daß die amerikanische Modernisierungsarbeit ihre Eigenart auslöscht. Wenn und wo dies geschieht, ist die Lösung des Problems nicht möglich, die neuzeitlichen, insbesondere auch die christlichen Ideen insoweit in harmonischen Anschluß an das geschichtlich Gewordene und im chinesischen Volkstum Wurzelnde zu bringen, als dies überhaupt mit dem Geist der Wahrheit, des Christentums und den unbedingten Forderungen des europäischen Kulturlebens vereinbar erscheint. Und dies muss geschehen, wenn anders die Erschließung des chinesischen Reiches für westliche Kultur nicht eine Gefahr für die Umwelt und das eigene Volk werden soll.

Es war eine folgenschwere Unterlassung, daß unsere amtlichen Vertretungen bei den Kulturvölkern Ostasiens in früheren Zeiten keinen Wert darauf legten, in das fremde Kulturleben irgendwie tiefer einzudringen. Der Gesandte oder Botschafter wurde ohne Rücksicht darauf, ob er Verständnis und Interesse für das Volkstum besaß, bei dessen Regierung er das Deutsche Reich vertreten sollte, ausgesucht; maßgebend erschienen äußerliche Vorzüge. Die Aufgabe, wirksame Empfänge zu veranstalten, gute Diners zu geben und bei der Durchreise erlauchter Gäste aus dem Heimatlande diese bei dem Herrscher, bei dem sie akkreditiert waren, wirksam in die Erscheinung und Beachtung treten zu lassen, war viel wichtiger, als ernsthaft einzudringen in die Wesensart des Fremdvolkes und verständnisvolle innere Beziehungen zu schaffen. Und war dann einmal ein Mann, wie der damalige Gesandte v. Holleben in Tokio, ernstlich bemüht, die inneren freundschaftlichen Beziehungen von Volk zu Volk zu Pflegen, den gemeinsamen Boden des Verständnisses zu untersuchen und wirkliche Kulturarbeit zu leisten, dann wurde ihm von der heimischen Regierung kein Rückhalt gewährt. So wurde seine damalige Forderung, eine wirklich nicht bedeutende Summe für Pressezwecke in Japan auszuwerfen, glatt abgelehnt. Sehr erfreulich für uns war deshalb die Begegnung mit dem Professor Richard Wilhelm in Peking, der bei der Deutschen Gesandtschaft in China als Kulturreferent angestellt ist. Das ist ein rechter Mann am richtigen Platz. Seit 1899 ist er in China. Er war früher als Pfarrer in Tsingtau tätig. Er versteht chinesische Sprache und chinesisches Wesen. Er übertrug für die Konfuziusgesellschaft die Konfuziusschriften ins Deutsche und eröffnete den Deutschen das Verständnis des großen chinesischen Weisen. Bei einer Wanderung durch die Kunstsammlungen in dem früher der Mitwelt fest verschlossenen Kaiserpalast der verbotenen Stadt konnte er selbst gebildeten Chinesen durch seine Kenntnisse der Geschichte und der Eigenart der chinesischen Kunst ein Führer sein. Er wurde nicht nur durch Verleihung der Würde eines Mandarinen ausgezeichnet, er fand für seine Bestrebungen von offizieller chinesischer Seite auch verständnisvolle Unterstützung. Ein solcher Mann in amtlicher Stellung bei unserer deutschen Vertretung in China ist für die Entwicklung wahrhaft freundschaftlicher Beziehungen zwischen den beiden Reichen wichtiger als Legationssekretäre und Attaches. Seine Berufung an die deutsche Legation beweist das besonders sein Verständnis des jetzigen deutschen Gesandten Dr. Boye für die Bedürfnisse der Zeit. Man versteht rückwärtsblickend die Abneigung, ja die Verachtung der Chinesen und Japaner gegen die westlichen Nationen und ihre Vertreter. Sie war die Antwort auf das schiefe Urteil der westlichen zivilisierten Mächte gegen ihre hohe kulturelle Eigenart. Ein japanischer Staatsmann hat diesen Gedanken eigenartigen Ausdruck verliehen. Er erklärte: „As long as we produced only men of letter, men of knowledge and artists, you treated us as babarians. Now that we have learned to kill, you call us civilized."– Solange als wir nur Männer der Schrift, der Wissenschaft und Kunst hervorbrachten, behandeltet ihr uns als Barbaren. Jetzt, wo wir gelernt haben zu töten, nennt ihr uns zivilisiert. In Kanton hatte ich Ende März 1922 eine Unterredung mit dem Gouverneur Cheng Chiung Ming über die Entsendung chinesischer Studenten nach Deutschland. Die Verhältnisse, unter denen die Zusammenkunft zustande kam, waren etner ruhigen Unterhaltung nicht günstig. Am Abend vorher hatten Gegner von ihm seinen Generaladjutanten in dem Gouverneur-Auto auf dem Bahnhof in Kanton erschossen. Es hieß, daß eine Verwechslung vorliege, daß der Gouverneur selbst gemeint gewesen sei. So war erklärlich, daß besondere Vorsichtsmaßregeln getroffen waren, um in der Aufregung des Tages weiteres Unheil zu verhüten. Während Professor Heim und ich mit dem Gouverneur, einem Dolmetscher und dem deutschen Vizekonsul um einen kleinen runden Tisch saßen, hielt in der offenen Verbindungstür zu einem Nebengemache ein Posten mit geladenem Karabiner Wache und ließ uns nicht aus den Augen. Trotzdem gestaltete sich die Unterredung sehr freundschaftlich und eingehend. Wir waren über eine Stunde zusammen. Den Gouverneur interessierte lebhaft die Frage, wie Deutschland aus der Not und der Niederlage wieder zu gesundem Wirtschaftsleben kommen könne. Den Plan, auch südchinesische Studenten nach Deutschland auf dortige Universitäten zu schicken, ließ er nur vorsichtig durchleuchten und schien aufs genaueste prüfen zu wollen.

Wir sind überhaupt sehr viel danach gefragt worden, ob es ratsam sei, daß jetzt chinesische Studenten auf deutsche Universitäten kommen. Man erkundigte sich nach der Eigenart der einzelnen Universitäten, nach den berühmtesten Professoren, nach den Kosten des Studiums und des studentischen Lebens. Wir haben keinen Zweifel darüber gelassen, daß es nicht ratsam sei, in großer Zahl von chinesischen auf deutsche Hochschulen auszuwandern. Die Stimmung gegen ausländische Studenten sei bei ihren deutschen Kameraden noch keineswegs zweifelsfrei. Die furchtbaren Folgen des Friedens von Versailles, des wirtschaftlichen Nachkrieges, unter dem die deutschen Studenten so schwer leiden, halten in weiten Kreisen der Studentenschaft in begreiflicher Weise das Misstrauen und die Abneigung gegen die Glieder der Feindstaaten wach. Dazu kommt, daß die Studenten aus valutastarken Ländern den einheimischen Studenten durch Überbieten der Preise die Wohnungen wegnehmen, daß sie das Leben verteuern, daß sie bei der starken Überfüllung, die ohnedies an Universitäten und namentlich Technischen Hochschulen herrscht, den Deutschen den Platz beengen. Die im allgemeinen in Deutschland so schwer empfundene, für das nationale und christliche Kulturleben und die deutsche Volkswirtschaft so verhängnisvolle Überflutung mit Fremdlingen namentlich aus dem Osten und Südosten Europas schafft eine Atmosphäre der Abneigung, die auch auf studentische Verhältnisse Einfluss hat. Der Deutsche fühlt sich nicht mehr zu Hause innerhalb seiner Grenzpfähle, er fühlt die im stillen wirkende, aber deshalb um so gefährlichere Ausbeutung, den Übergang wertvollen Besitzes in fremde Hände, das Hineinsickern fremder Volkskraft oft sehr ungesunder, schädlicher Art in die leidende, erregte, für Schlechtes besonders ansteckungsfähige Bevölkerung.

Wenn deshalb die Zuwanderung ostasiatischer Studenten von schädlichen Begleiterscheinungen und Folgen bewahrt bleiben und den Ausländern nicht selbst zu Schaden und Unsegen werden soll, muß von beiden Seiten dafür gesorgt werden, daß freundschaftliche Kontrolle bei der Auswahl der Studenten geübt, daß ihr Studium und ihr Leben in Deutschland in geordnete Bahnen gebracht und daß die Möglichkeit für eine freundliche Annäherung der fremden und deutschen Studenten geschaffen wird. In Berlin studieren nachweislich zurzeit 800 Chinesen, mit den nicht eingeschriebenen mag die Zahl noch erheblich größer sein. Ein großer Teil von ihnen schließt sich gegen die Deutschen im Bewusstsein der Nichtzusammengehörigkeit ab. Die deutsche Sprache suchen viele von ihnen durch den Verkehr mit feilen Mädchen zu erlernen und zu üben. Die Zahl derer, die nur das Straßenleben, die Kinos, die Nachtcafes, die üblen Schankstätten und nie einen Kreis ernster deutscher Jünglinge, nie eine deutsche Familie kennenlernen, ist groß. Mit einem völlig schiefen Urteil über deutsches Leben und deutsche Sitte, mit den übelsten Erfahrungen durch den Verkehr mit unsittlichen und ausbeuterischen Elementen, oft geschlechtskrank und tief enttäuscht, ja angeekelt von sich selbst und von den Kreisen, mit denen sie in Berührung traten, kehren sie in ihr Heimatland zurück. Um unsert- und um dieser fremden Menschen willen müssen wir zu helfen suchen. Hierum baten uns die ernsten Freunde ihres Volkes in China.

Ein verständnisvoller Anfang auf dem Gebiet der Fürsorge für das ausländische Studententum und der Schaffung guter Beziehungen zwischen ihnen und der deutschen Studentenschaft ist durch das Ausländer-Institut an der Berliner Universität gemacht. Hier handelt es sich in erster Linie um Belehrung, um Einführung in deutsches Studium, um Vermittlung der Kenntnis deutscher Sprache und Geschichte, deutscher Kultur, deutscher Forschung. Hier wird die erforderliche Sichtung und die Ausschließung unfähiger und ungeeigneter Elemente vom deutschen Universitätsleben vollzogen. Im Anschluss an diese Bestrebungen und in engster Zusammenarbeit mit den an diesem Institut tätigen Männern müssen wir in geordneter und übersichtlicher Weise die Fürsorge für die jungen Ausländer, insbesondere die Ostasiaten übernehmen und üben, die im Vertrauen auf unsere Kultur nach Deutschland kommen und hier das zu finden hoffen, was sie in der Heimat vergeblich suchten. In einem internationalen Studentenklub nach dem äußeren Muster der YMCA-Häuser müssten fremde und deutsche Studenten sich vertrauensvoll einander nähern und verstehen lernen können. Auch der deutsche Student würde dadurch seinen Blick, seine Sprachkenntnisse, sein Verständnis, was an fremdem Wesen für ihn und sein Volk von Nutzen sein konnte, erweitern. Deutsche Familien müssten den Fremdlingen die Tür öffnen und ihnen zeigen, daß das, was sie bisher vielfach allein kennenlernten, das Straßen- und Kaffeehausleben der großen Städte, unserem Wesen fremd ist, daß es nicht deutsche Art, nicht deutsche Sitte, nicht christlichen Geist atmet.

So könnten die Tausende chinesischer Studenten, die jetzt in Deutschland die Hochschulen besuchen, bei der Rückkehr in ihr Vaterland als Zeugen deutscher Geistes- und Herzensbildung heimkehren und so freundschaftliche Bande zwischen den beiden Völkern knüpfen, die trotz der anfänglich unüberschreitbar erscheinenden Gegensätze sich in den Erfahrungen ihrer Geschichte, in ihren inneren und äußeren Schwierigkeiten und in ihrem Streben eng berühren. Das Band würde, ein geistiges und kein politisches sein und der ganzen Menschheit zum Segen werden.

Sechstes Kapitel

Debatten über Kriegs- und Friedensschuld

Zum ersten Male in der Geschichte der Welt ist nach Beendigung eines Krieges der Versuch gemacht worden, im Friedensvertrag festzustellen, wer von den Kampfnationen den Krieg verschuldet hat. Über Schuld und Nichtschuld kann nach menschlichem und göttlichem Recht nur ein unparteiischer Richter entscheiden. Nach dem Weltkriege nahmen die Sieger das Richteramt für sich in Anspruch. Das war der Gipfel der Ungerechtigkeit. Die Sieger versuchten überhaupt nicht, die Schuld durch eine Verhandlung festzustellen, sondern sie machten erst den Angeschuldigten wehrlos, und dann zwangen sie ihn unter Versprechungen und Drohungen, wider besseres Wissen ein Bekenntnis alleiniger Schuld, wenn auch unter Protest, zu unterzeichnen. Die Versprechungen bestanden in den 14 Punkten Wilsons, die Drohungen in der Inaussichtstellung der Fortsetzung des Kampfes gegen Wehrlose bis zur Vernichtung. Das war Erpressung. Das war Rückkehr in die Finsternis mittelalterlicher Justiz der Foltermittel. Ich kann mir in diesem Buch nicht die Aufgabe stellen, erschöpfend und mit dem Anspruch auf geschichtlich unumstößliche Zuverlässigkeit darzustellen, wie es zu dem Weltkriege kam. Eine gerechte Darstellung wird erst nach Jahrzehnten möglich sein, wenn alle Geheimarchive der beteiligten Regierungen veröffentlicht sind, wenn die zurzeit noch ungebrochene Herrschaft des Hasses ruhiger und objektiver Betrachtung Platz gemacht hat und wenn das göttliche Gesetz von der unentrinnbaren Folge von Schuld und Strafe sich im Völkergeschehen ausgewirkt und Tatbeweise erbracht haben wird. Aber auch dann wird es nie möglich sein, den Weltkrieg 1914/1918 als eine in seinem Entstehen, seinem Verlauf und seiner Folge vom Standpunkt der Verantwortung aus feststellbare Einzelerscheinung aufzufassen und darzustellen, die Schuld auf dieser und jener Seite zu konstruieren und das Ausmaß der Verschuldung endgültig festzustellen.

Die Konflikte der Völker der Gegenwart ergeben sich aus der Begrenztheit ihrer Wirtschafts- und Ernährungsverhältnisse. Wenn Länder wie Deutschland durch das Wachstum der Bevölkerung genötigt sind, die zu eng gewordenen Grenzen zu erweitern, Kolonialbesitz zu erwerben oder, wie Japan, bei den länderreicheren Nachbarn Ausdehnungsmöglichkeit zu suchen, so erhebt der Konflikt drohend sein Haupt. Wenn völkerreiche Länder zur Ergänzung heimischer Produktion von Lebens- und Futtermitteln und zur Beschaffung von Rohstoffen genötigt sind, Überschussländer aufzusuchen, bei ihnen zu kaufen und die Fabrikate bei ihnen abzusetzen, dann setzt der wirtschaftliche Wettkampf ein, und bei zunehmender Hitze des Kampfes springen die elektrischen Funken aus den Reibungsflächen, und die Brandgefahr ist da.

Auf diesem elementaren Boden der Völkergesamtheit entwickeln sich im freien kapitalistischen Verkehrsleben die unbegrenzten Möglichkeiten für die Steigerung des persönlichen Reichtums. Die Schöpfer und Träger der Massen des Privatkapitals ergreifen im geheimen die Fäden und werden so zu den unsichtbaren Drahtziehern der Völkerbühnen. Historische Gegensätze auf nationalem und politischem Gebiet, Gegensätze der Nasse, der Religion sind die Aufnahmestoffe für die Branderreger, sie geben den volkstümlichen Antrieb, die politische Begeisterung für den Kampf, dessen Grund und Zweck im Innersten die Verfolgung wirtschaftlicher Interessen bildet. Unseren Feindvölkern wurden Fahnen mit hochtönenden Inschriften vorangetragen: „Für den Sieg des demokratischen Gedankens in der Welt", „Für den letzten Krieg und den ewigen Frieden", „Für die Wiederaufrichtung des Heiligen Kreuzes auf der Hagia Sophia in Konstantinopel", „Für die Befreiung eroberter Landesteile", „Für den Schutz der kleinen Staaten", „Für den Sieg der Gerechtigkeit in der Welt", – und die unsichtbare Kehrseite hieß: Zur Niederringung des unbequemen wirtschaftlichen Aufschwungs des jungen Deutschen Reichs, für die Herrschaft über Petroleum, über Zink und Baumwolle, für Weltmonopole und Privilegien, für die Allmacht von Dollar und Pfund. Ein Kulturvolk der Gegenwart würde, wenn es Einblick in die wahren Tatsachen haben könnte, nie die Stimme für den Krieg erheben, wenn es sich nicht um Abwehr eines anders nicht abzuschlagenden Angriffs, um die letzte Möglichkeit handelt, das eigene Leben zu erhalten, einer Einkreisung zu entgehen und die Volksgenossen vor Versklavung und Vergewaltigung, vor dem Untergang zu schützen. Nur wenn's um Leben und Freiheit des Volkes ging, war der Krieg berechtigt und würde er in Zukunft berechtigt sein.

Alles dies muss man vor Augen haben, eine Prüfung dieser umfassenden gewaltigen Vorgänge müsste erfolgen, ehe man ein endgültiges Urteil über Schuld oder Nichtschuld am Kriege abgäbe. Man müßte sich darüber klar werden, wieweit die Volksgenossen teilhaben an der Schuld ihrer Regierungen, und inwieweit diese wieder bewusst und unbewusst unter dem Einfluss der Drahtzieher des internationalen Kapitals standen. Wenn es einen Völkerbund gäbe, der aufrichtig dem Völkerfrieden dienen wollte, dann müsste er eine mit weitgehendsten Vollmachten ausgestattete selbständige Kommission von Sachverständigen, von Staatsmännern, Nationalökonomen, Bankleuten, einsetzen, vor der alle Archive, auch die der großen Banken, offen stehen müssten. Sie müsste das Recht haben, Zeugen zu vernehmen und in die geheimsten Schleichwege internationaler Finanzmachenschaften einzudringen.Dann würde vor aller Welt klar werden, aus welchen Beweggründen heraus die Beziehungen der Völker so feindlich wurden, daß es keine andere Möglichkeit der Entspannung mehr zu geben schien als den Krieg.

Was ich schreibe, ist nicht aus der Luft gegriffen. Die Nachkriegszeit, die jüngste Gegenwart beweist es, daß es sich beim Weltkriege, beim Frieden von Versailles, bei seinen Nachwirkungen schließlich doch um den wirtschaftlichen Sieg über Deutschland handelt. Man denke an Oberschlesien. Alle hochtönenden Phrasen von Selbstbestimmung der Völker und nationalen Ansprüchen der historischen Entwicklung versagen hier völlig, um die Losreißung des wertvollsten Teils des Industriegebiets zu begründen. Aber die oberschlesische Kohle ist Konkurrent der englischen Kohle, und oberschlesische Industrieprodukte verwirren die bequemen Gewinnkalkulationen in der weiten Welt des Handels. Hier galt's, einen unbequemen Dividendendrücker totzuschlagen.

Und nun im Jahre 1923. Frankreich hat unter Rechtsbruch das Ruhrgebiet und neben anderen bisher unbesetzt gebliebenen Gebieten noch die Hafenanlagen von Mannheim militärisch besetzt, und unter grausamer Vergewaltigung will es die deutschtreue Bevölkerung zwingen, für das Feindesland zu arbeiten. Es will die Leistung der unmöglichen Kriegsentschädigung durchsetzen, und die militärischen Machthaber mächten am liebsten die Schande wettmachen, daß sie es im Kriege trotz aller Übermacht nicht vermochten, deutsches Gebiet zu erobern. Hinter dem allem aber steht der gewaltige Plan, Deutschland wirtschaftlich zu erdrosseln und mit den geraubten Werten die Geldmachthaber ins Ungemessene zu bereichern. Die französischen Besatzungstruppen sind nicht in der Hand des gerissenen Poincare allein; hinter ihm stehen die Finanzmächte als Drahtzieher der Leiter des gewaltigen und aufregenden Trauerspiels, das darum so aufregend und tragisch ist, weil hier schon wieder die Funken sprühen, die rettungslos einen neuen Weltbrand entfachen, wenn nicht Wunder des Sieges der Vernunft und Gerechtigkeit geschehen.

Die Erörterung dieser tiefen Unterströmungen des Weltgeschehens war eigentlich allen Teilnehmern der Tsing-Hua-CollegeKonferenz in Peking etwas Neues und bisher nie Gedachtes oder gar Durchdachtes. Die Gedanken und die Stimmungen des Amerikaners und Engländers und in ihrer Gefolgschaft natürlich auch des Ostasiaten steigen nicht tiefer hinein in das Problem der Kriegsursachen, als daß sie den Militarismus und den mit ihm nach ihrer Meinung unvermeidbar verbundenen Imperialismus als den Schuldigen zu erkennen glauben. Gegen ein Volk, das die allgemeine Wehrpflicht hat, das es für volkserzieherisch hält, die Untertanen im Kriegsdienst zu üben, das in der militärischen Zucht die demokratische Freiheit ausscheidet und im Grunde an einem bevorzugten Kriegerstande festhält, spricht nach ihrer Meinung die Vermutung der Kriegsschuld. Zweck der Heeresausgaben, Zweck des ganzen militärischen Apparates sei doch die Kriegsbereitschaft, und dauernde Kriegsbereitschaft sei ohne Wacherhaltung der Kriegsstimmung nicht möglich. Dauernde Kriegsstimmung erzeuge Krieg. Ebenso ist's nach ihrer Meinung mit dem Monarchen als obersten Kriegsherrn. Seine Stellung als Führer der Truppen, der seine persönliche Erziehung und Bildung zustrebe, müsse den ständigen Gedanken der Anwendung seiner Heeresmacht, der Ausdehnung seiner Gewalt, der kriegerischen Eroberungen erzeugen. Ein „Kaiser" sei ohne imperialistischen Ehrgeiz und Bestrebungen nicht denkbar. Ein solcher Imperator sei bis zum Erbringen des Gegenbeweises der Schuldige am Weltbrand. Der Deutsche Kaiser war der Imperator unter den anderen im besonderen. Der Herrscher des österreichisch-ungarischen Reiches war altersschwach und der Zar in Russland eine willenlose Schachfigur in der Hand seiner Generäle. Der Zielbewusste, in besonderer Weise Verantwortliche war Wilhelm II.

Die Aufgabe, klärend zu wirken, war für uns ungemein schwierig. Beim Bekanntwerden meiner Ausreise wurde ich von Verlegern von Kriegsschuldschriften, von Propagandastellen, von Verfassern von Verteidigungs- oder Anklageschriften mit Material, auch in englischer Sprache, überschüttet. Jeder meinte, daß gerade seine Veröffentlichung die Wirkung auf die Ausländer nicht verfehlen würde. Ich habe aber nicht die Empfindung gehabt, daß die Schriften auf die Leser einen dauernden Eindruck machen. Irgendeine geschickte Gegenschrift, die ja auch in Massen verbreitet sind, ist geeignet, den Eindruck zu verwischen, und als Ergebnis der Lektüre der Stimmen aus diesem und dem anderen Lager bleibt ein resigniertes: Non liquet! „Die Schuld liegt eben auf beiden Seiten. Das beste ist, wir lesen gar nicht darüber; wir wollen das Vergangene vergessen, wir wollen einander vergeben", wobei im Grunde des Herzens jeder denkt: wir wollen euch vergeben, wir wollen versuchen, das Neue aufzubauen. Ich habe deshalb in den Vordergrund meiner Ausführungen die Bekämpfung der Lüge von Versailles gestellt und habe das hervorgehoben, wofür ich nach meiner persönlichen und dienstlichen Erfahrung eintreten konnte, und habe so versucht, zunächst in diesem einen wichtigen Punkte den Hörern die Überzeugung davon zu verschaffen, daß ich die Wahrheit vertrete, und daß, wenn in Einem festgestellt ist, daß die tragende Säule des Friedensgebäudes Lug und Trug ist, man auch in allen anderen Fragen sein Urteil nachprüfen und der Wahrheit zum Siege verhelfen müsste. In der Sitzung des Generalkomitees des Weltbundes der Christlichen Studentenvereinigungen in Peking im Waggon-lit-Hotel am 12. April 1922 gab mir der Vorsitzende, Dr. John Mott, Gelegenheit, mich über den Frieden von Versailles auszusprechen. Ich habe den Inhalt meiner Rede alsbald nachher zu Papier gebracht und für das Zutreffende der Wiedergabe die Zustimmung von Dr. Mott in folgender, von mir wort- und sinngetreu ins Deutsche übertragenen Form erbeten und erhalten. Ich führte folgendes aus: „Die Ungunst der Verhältnisse hat die deutsche Delegation verhindert, rechtzeitig zu den Sitzungen des Generalkomitees vor der großen Konferenz im Tsing-Hua-College zu erscheinen. Vielleicht war dies eine glückliche Fügung, denn wir haben auf der Konferenz inzwischen so viel Freundschaft und Liebe erfahren, daß wir voll Vertrauen in Ihre brüderliche Gesinnung in diese nachträgliche Sitzung des Generalkomitees eingetreten sind und ich namens meiner Mitdelegierten aussprechen kann, daß wir gegen Sie alle Liebe und Vertrauen im Herzen tragen. Das, was ich Ihnen jetzt sage, ist das Ergebnis gewissenhaftester Prüfung; auf unserer wochenlangen Seereise haben wir uns zur Klarheit durchgerungen, was wir Ihnen zu sagen haben. Sie müssen sich in unsere Lage zu versetzen suchen. Das deutsche Volk steht unter dem Fluch des Friedens von Versailles. Unsere Vertreter beim Abschluß haben unter dem Zwang, daß sonst das ganze Rhein- und Ruhrgebiet besetzt werden würde, wider besseres Wissen die Schuld am Kriege auf Deutschland allein genommen und haben dadurch dem Feind das Mittel in die Hand gegeben, in der Mantelnote zu dem Friedensvertrag zu schreiben, daß der Weltkrieg durch unsere Schuld unvermeidlich wurde, „the world war which they (the Germans) had planned and for which Germany alone amongst the nations was fully armed and prepared"und deshalb „Germany must expiate her crimes restlessly, and must be punished".– Also: „Der Weltkrieg, den die Deutschen geplant hätten und für den allein Deutschland unter allen Nationen voll bewaffnet und vorbereitet war, und deshalb müsse Deutschland nun seine Verbrechen restlos büßen und müsse gestraft werden."

Anfangs hat alle Welt geglaubt, daß dies wahr sei. In den Jahren, die seitdem vergangen sind, ist schon viel Klärung eingetreten. Keiner von Ihnen, so meine ich, wird glauben, daß Deutschland die alleinige Schuld am Kriege hat. Ich erinnere Sie daran, was Lloyd George in einer öffentlichen Rede am 22. Dezember 1920 sagte: „ The more one studied the official material of all nations concerning the oubreak of the war, the more one comprehended, that no one in a leading position had desired this war; we had all glided into it, staggered into it, stumbled into it. „ (Je mehr man das offizielle Material aller Nationen über den Ausbruch des Krieges studiert, desto mehr begreift man, daß kein Mensch in einer leitenden Stellung diesen Krieg gewünscht hat; wir sind alle in den Krieg geglitten, gestolpert, getaumelt.) Ich habe in Einzelgesprächen und in Gesprächen im geschlossenen Kreise viel über die klaren Tatsachen gesprochen, die beweisen, daß die Anschuldigung, Deutschland habe in jahrelanger geheimer Arbeit den Weltkrieg geplant und vorbereitet, unwahr ist. Ich werde darüber jedem einzelnen von Ihnen aus Deutschland die Unterlagen zustellen. Heute will ich nur eins hervorheben, für das ich mit meiner eigenen Person und Amtserfahrung einstehen kann und weil es ganz klar beweist, daß Deutschland sich nicht auf den Krieg vorbereitet hat. Sie wollen bedenken: wir hatten fast ein halbes Jahrhundert Frieden! Welcher andere Staat kann das von sich sagen?! Wenn wir in dieser langen Friedenszeit den Weltkrieg im geheimen gerüstet hätten,– was hätten wir dann zuerst getan? Wir hätten uns mit Lebensmitteln versorgt. Das deutsche

Volk von annähernd 70 Millionen Menschen konnte sich schon vor dem Kriege nicht selbst ernähren; wir mussten jährlich 2 Millionen Tonnen Brotund über 5 Millionen Tonnen Futtergetreide kaufen. Sie erinnern sich, daß die Kriegsfackel in den letzten Tagen des Juli 1914 überraschend aufleuchtete. In den letzten Tagen des Juli telegraphierten die Oberpräsidenten der Industriegebiete Rheinland und Westfalen an die Ministerien in Berlin: wenn wirklich Krieg käme, würden ihre Industriearbeiter in kurzer Zeit nichts zu essen haben. Die alte Ernte sei aufgezehrt, die neue noch nicht mahlfähig. In den Lagern sei nichts mehr. Das einzige, was kaufbar sei, seien einige Kähne auf dem Rhein, die mit Getreide nach Holland gehen sollten. Die Oberpräsidenten fragten, ob sie diese Kähne festhalten und kaufen könnten. Ich bin selbst nach Hannover geschickt worden (ich war damals Unterstaatssekretär im Finanzministerium), um den Kauf des Getreides zu veranlassen. Es waren noch nicht 2000 Tonnen, der deutsche Bedarf für noch nicht einen Tag. Das war das für den Weltkrieg vorbereitete Deutschland!

Ich weiß es, daß Deutschland unvorbereitet war, denn ich war im Kriege verantwortlicher Leiter des Ernährungswesens. Schon im Frühjahr 1915 fing die Not an. Sie stieg in den folgenden Jahren auf das schrecklichste. In den Jahren 1915 bis 1917 sind 736 000 Menschen an den Folgen der Unterernährung gestorben. Die Kindersterblichkeit stieg in diesen Jahren um 55 v. H. Noch jetzt sind die Folgen entsetzlich. Die Tuberkulose macht schauerliche Fortschritte. 14 v. H. aller Studenten sind tuberkulös. Das sind die Folgen der Blockade, der grausamsten Form der Kriegführung, die je gewählt worden ist. Alles, was Deutschland im Kriege getan hat, ist aus dieser furchtbaren Not geboren.. Es nützt nichts, wenn Sie Beschlüsse gegen den Krieg fassen; wenn der Geist von Versailles weiter das Zusammenleben der Völker regieren soll, dann treiben wir rettungslos in innere und äußere Kriege, fürchterlicher als der letzte Weltkrieg. Ich habe es schon neulich in meinem Vortrage über „ Reconstruction" gesagt, daß die Schuld am Kriege die Herrschaft des Mammonismus in der Welt trägt. Der Friede von Versailles ist ein krasser kapitalistischer Friede, und wenn er nicht revidiert wird, ist er die Quelle baldiger neuer Kriege. Ich beantrage nicht eine Revolution, aber ich möchte ein Echo aus Ihrem Kreise hören. Wir sind hier als Christen zusammen. Die erste Pflicht der Christen ist, der Wahrheit zu dienen. Als Pilatus Christus fragte, ob er wirklich ein König sei, stellte Christus die königliche Pflicht vor aller Welt fest: „Ich bin dazu geboren und in die Welt gekommen, daß ich die Wahrheit bezeugen soll." Wer Christus nachfolgen will, muss denselben Weg gehen. Christum hat der Weg der Wahrheit ans Kreuz gebracht, aber dadurch wurde er Sieger und König aller Könige. Auch für Sie ist es wahrscheinlich ein dorniger Weg, der Wahrheit in Ihrem Lande zum Siege zu verhelfen. Noch herrscht nicht die Wahrheit, sondern die Lüge. Über allen Völkern der Erde lagert eine dichte, schwarze Wolke der Lüge. Wir Christen haben die Pflicht, den Lügengeist zu zerstreuen, damit Gottes Licht in die dunkle Erde hineinscheinen kann. So würde das Herrschaftsreich der Liebe Christi gebaut.

Wenn ich kein Echo des Verständnisses höre, dann gehe ich mit tiefer Enttäuschung von dieser Konferenz heim, dann hat eine Weltbundkonferenz für mich ihren Zweck verloren. Aber ich weiß, Sie verstehen uns und stellen sich auf die Seite der Wahrheit."

Die Wirkung der Ansprache auf die Anwesenden war stark. Zuerst ergriff ein Engländer, dann ein Vertreter von Australien, Südafrika, Amerika, Japan, Neu-Seeland und schließlich Frankreich das Wort, und alle waren dahin einig, daß der Friede von Versailles keine gerechte Grundlage sei, auf welcher der Friede der Völker aufgebaut werden könne; von einzelnen wurde der Auffassung Ausdruck gegeben, daß der Glaube, Deutschland sei allein schuld am Kriege, bei ihnen nicht bestehe. Alle waren dahin einig, daß es ihre ernste Pflicht sei, der Wahrheit zu dienen und ihrer Stimme unbedingt Gehör zu verschaffen. Noch während unseres Aufenthaltes in China habe ich's erfahren, daß diese Zusage, der Wahrheit dienen zu wollen, ernst gemeint war, und daß sie Früchte trug. Ein Engländer, der der Konferenz beigewohnt hatte, hielt nachher in Hongkong Vorträge vor seinen Landsleuten. Ihm war in Hongkong ein Plakat aufgefallen, das in grellen Farben auffällig am Gebäude des französischen Konsulats hing. Es hatte zwei Abteilungen: Auf der einen war auf blutrünstigem Hintergrunde ein rasender deutscher Soldat mit rohesten Zügen dargestellt, der gegen wehrlose Frauen und Kinder wütete; auf dem Gegenstück war ein deutscher Handelsreisender gezeichnet, der in tadellosem Anzug und mit verbindlichsten Manieren seine Muster zeigte und anbot. Die Unterschrift lautete: Once a German- always a German! – so war der Deutsche einmal (im Kriege), so wird er stets bleiben, auch wenn er sich hinter seinen Gewändern und Manieren zu verstecken sucht. Der Engländer sagte in seinem Vortrage, er verstehe nicht, wie solch aufreizendes Plakat, nachdem der Friede geschlossen sei, öffentlich ausgehängt werden könne, und noch dazu an einem amtlichen Gebäude. Das sei doch nur möglich, weil die Wolken der Lüge noch über den Menschen lagerten. Solange die Menschen in diesem Nebel wanderten, hielten sie eine ihnen entgegenschreitende Gestalt in ihrer Angst und Aufregung für ein Ungeheuer. Gingen sie aber näher heran, dann sähen sie: „Ach, es ist ja ein Mensch", und wenn sie ganz nahe kommen, entdecken sie mit einmal: „Es ist ja dein Bruder." Wenn wir Gelegenheit haben, den einzelnen Menschen aus der großen Zahl der Feindvölker wirklich nahezutreten, dann fallen die Scheidewände. Wir können Franzosen, Engländern, Amerikanern, Chinesen, Japanern mit Erfolg nur dann die Wahrheit sagen, wenn sie es fühlen, daß nicht persönlicher Hass uns beseelt, daß nicht einseitige Auffassung von Schuld und Mehrschuld unsere Gedanken und Reden beherrscht, sondern daß wir dem Feinde gerecht zu werden suchen, und daß wir bereit sind, im aufrichtigen Wahrheitsucher von der anderen Seite, wenn er die Versöhnung will, den Bruder zu sehen. Viel war dann gewonnen, wenn sie auf Einzelangriffe, auf die ihre bisherige einseitige Stellungnahme gegen Deutschland gegründet war, sich Auskunft erbaten. Sie konnten dann aufmerksam zuhören, es ging ihnen ein völlig neues Licht auf, und wenn man ihnen zweifelsfreie Tatsachen unterbreitete, waren sie willens, sich überzeugen zu lassen.

Die Feinde haben es stets so dargestellt, daß Deutschland den Krieg gegen Russland vom Zaune brach, daß die deutsche Regierung und der Kaiser nichts getan hätten, um die durch Osterreich-Ungarn hervorgerufene Kriegsgefahr zu beschwören. Ich habe dann den Telegrammwechsel zwischen dem Deutschen Kaiser und dem Zaren vorgelegt, der urkundlich feststehend klar beweist, wie sich Kaiser Wilhelm aufrichtig bemühte, in letzter Stunde dem Weltunheil vorzubeugen. Am 28. Juli, als Russland schon angefangen hatte zu mobilisieren, telegraphierte er an den Zaren: „Eingedenk der herzlichen Freundschaft, die uns beide seit langer Zeit mit festem Bande verbindet, setze ich meinen ganzen Einfluss ein, um Österreich zu bestimmen, eine offene und befriedigende Verständigung anzustreben." Und am 29. Juli fuhr er telegraphisch fort: „Ich glaube, daß eine direkte Verständigung zwischen Deiner Negierung und Wien möglich und wünschenswert ist, eine Verständigung, die, wie ich Dir schon telegraphierte, meine Regierung mit allen Kräften zu fördern bemüht ist. Natürlich würden militärische Maßnahmen Russlands, die Österreich-Ungarn als Drohung auffassen könnte, ein Unglück beschleunigen, daß wir beide zu vermeiden wünschen, und würden auch meine Stellung als Vermittler, die ich auf Deinen Appell an meine Freundschaft und Hilfe bereitwillig angenommen habe, untergraben."

Die Antwort des Zaren zeigt, daß auf russischer Seite kein Wille bestand, sich auf die Vermittlungsvorschläge des Deutschen Kaisers einzulassen. Am 30. Juli telegraphierte der Zar: „Die jetzt in Kraft tretenden Mobilisierungsmaßnahmen sind schon vor 5 Tagen beschlossen worden, und zwar aus Gründen der Verteidigung gegen die Vorbereitungen Österreich-Ungarns." Am nächsten Tage, am 31.Juli, wurden die letzten Planken zurückgezogen, über die noch friedliebende Vermittler den Weg zueinander hätten finden können: „Es ist technisch unmöglich, unsere militärischen Vorbereitungen einzustellen, die durch Österreich-Ungarns Mobilisierung notwendig geworden ist." So nahm das Unheil seinen Lauf, Deutschland konnte es nicht mehr hindern. Rückschauend lautet ein fast einmütiges Urteil im eigenen Lande dahin, daß eine bessere, weiterschauende Politik die Verwicklungen hätte verhüten können, die zum Kriege führten. Das sind schmerzliche Selbstbeschuldigungen, aber mit der Kriegsschuld im engeren Sinne haben sie nichts zu tun. Zur aktiven Kriegspolitik gehört starker Wille; der aber fehlte gerade. In meiner Lebensgeschichte „Für Staat und Volk" habe ich (S. 268) die entscheidende Bundesrat-Sitzung geschildert, der ich selbst beigewohnt habe, als dem Reichskanzler v. BethmannHollweg freie Hand zu den Entschließungen gegeben wurde, die zur Verteidigung des Vaterlandes erforderlich waren: „Hier wurde vom Reichskanzler in tiefster Schwermut die unvermeidliche Folgerung aus einer Zwangslage gezogen, in die die Feinde ihn versetzten."

Völlig ergebnislos waren die Versuche, den Ausländern, namentlich den Amerikanern die Vorstellung zu nehmen, daß unsere ständige Kriegsbereitschaft, in der wir lebten, der unwiderlegliche Beweis sei, daß wir diesen Krieg gewollt und vorbereitet hätten. Ein amerikanischer Zeitungsberichterstatter antwortete mir auf meine Frage, ob er wirklich glaube, daß Deutschland diesen Krieg gewollt und von langer Hand vorbereitet hätte, daß er dies in der Tat als bewiesen ansehe. Auf die Frage, worin der Beweis gegeben sei, sagte er, wir hätten doch zugestandenermaßen den Plan fix und fertig gehabt, Frankreich unter Verletzung der Neutralität Belgiens anzugreifen. Ich versuchte ihm klarzumachen, wie Deutschland bei seiner geographischen Lage genötigt gewesen sei, stets alle Vorkehrungen zu erwägen, die bei einem Kriege, namentlich nach mehreren Fronten hin, getroffen werden mußten, daß der Generalstab dazu da sei, alle Eventualitäten zu untersuchen und die Pläne bis ins einzelne Zu bearbeiten. Er möge sich vorstellen, daß im Generalstab eine ganze Anzahl fertiger Pläne vorrätig läge, daß aber das Vorhandensein dieses Materials allein ebensowenig eine akute Kriegsabsicht bewiese, wie der Bau eines Luftschiffes oder die beschlossene Vermehrung einer Truppengattung. Er meinte, er könne das nicht glauben. Wenn er aber meinen Gedankengängen sich nicht verschlösse, müsse er mir entgegenhalten, wie unsere deutsche Kriegsschuldliteratur doch auch Beweise gegen unsere Feinde daraus konstruiere, daß die Engländer, Franzosen und Russen sich durch Gegenmaßnahmen, wie das englisch-russische Marineabkommen vom 20. Mai 1914 und das Versprechen Englands an Frankreich, ihm im Falle eines Krieges mit seiner Flotte zu helfen, damit Frankreich seine Flotte im Mittelländischen Meer frei hätte, zu sichern suchten. Bei dieser Schwierigkeit einer wirklich tiefforschenden Diskussion, für die es namentlich den Amerikanern an der erforderlichen Gründlichkeit und dem Durchschnitts-Ostasiaten an der Erkenntnis der Probleme fehlt, habe ich mir als mögliches Endziel meiner Aufklärungsbestrebungen gestellt, daß ich die Lüge von der Alleinschuld Deutschlands zerstören wollte, und hiermit habe ich Erfolg gehabt. Dies haben alle verstanden, die hören wollten.

Wenn nun aber feststeht, daß Versailles auf einer Lüge beruht, dann müssen wir doch wie mit eisernem Hammer dröhnend an das festverschlossene Tor des Weltgewissens schlagen: „Soll denn die Lüge weiterhin als Grund der Zerstörungspolitik gegen Deutschland gelten? Habt ihr, die alliierten Regierungen, nicht eure Bereitschaft zum Friedensschluß auf Grund der Friedensbedingungen erklärt, die in der Ansprache des Präsidenten Wilson an den Kongress vom 8. Januar 1918 niedergelegt sind? Hat Wilson nicht als Friedensftrogramm verkündigt: Grundsatz der Gerechtigkeit für alle Völker und Nationalitäten und ihres Rechts auf gleiche Bedingungen für Freiheit und Sicherheit? Zur Erfüllung und Wahrung dieses Programms wurde ein Völkerbund gegründet. Was tut der Völkerbund zur Erfüllung seiner Aufgaben? Was ist aus den 14 Punkten geworden, die der Präsident Wilson als Friedensbedingung festlegte?" Das Rad der Zeit rast über diese weltbewegenden Vorgänge hin und verflüchtigt sie zu Staub, den der Wind der Leichtfertigkeit, Oberflächlichkeit und Stumpfheit fortführt. Nicht bloß, daß mir Amerikaner auf die Frage, ob sie die 14 Punkte Wilsons kennten, und ob sie wüßten, daß auch nicht einer von ihnen im Versailler Vertrage Erfüllung gefunden habe, keine Antwort zu geben wussten, auch in Deutschland gewöhnt man sich so an Unehre, Gewalt und Sklaverei, daß man vergisst, unter welcher unerhörten Ungerechtigkeit aller Staatsgewalten, die den Frieden unterzeichnet haben, wir leben. Die Welt muß ja schließlich zu dem Glauben kommen, daß dies stumpfe Dulden der Schmach durch Millionen Deutscher ein stillschweigendes Schuldbekenntnis sei.

Diesen Landsleuten und den Amerikanern und Engländern, die dies Buch in die Hand bekommen, und meinen Freunden der 32 Nationen von der Konferenz im Tsing-Hua-College, denen ich's versprochen habe, stelle ich's vor Augen, was für ein Höllenwerk auf die Lüge von Versailles aufgebaut ist. Was versprachen die Wilsonschen Punkte und was erwuchs daraus in der Luft des Vertrages von Versailles und der vergifteten Atmosphäre seiner Auswirkung? Nur das Gröbste sei nach der Darstellung des Meisters Guntram von Augsburg in seiner Schrift „An England" hier vor Augen gestellt: „Wilson sprach von öffentlichen Verträgen und offener Diplomatie. Statt dessen ist sechs Monate lang geheim gearbeitet worden. Keine Veröffentlichung der Verhandlungen unterrichtete die Welt von dem, was erwogen, geplant und beschlossen wurde. Nach Abschluss der Verhandlungen wurden nachweisbar vielfach falsche Berichte gegeben.

Wilson versprach, alle Handelsschranken sollten beseitigt werden. Statt dessen erfolgte Besitzergreifung von deutschem Privateigentum in allen Ländern, und noch heute, im Jahre 1923, ist die Beschlagnahme nur unvollkommen aufgehoben. Wilson sprach von Bürgschaften für Einstellung der Rüstungen. Und in Wirklichkeit umgibt uns ein Kranz von Staaten, die uns feindlich sind und von Waffen starren. Frankreich unterhält 900 000 Mann gegen uns; die 300 000 Polen und die 250000 Tschechen sind mit französischem Geld, unter französischer Leitung aufgestellt und haben die Mündungen ihrer Geschütze und Gewehre auf uns gerichtet. Uns aber gestattete man 100000 Söldner, alle Offiziere und Heeresbeamten eingerechnet, unter Verbot, schwerere Waffen zu halten; und durch seinen Einfall ins Nuhrgebiet beschimpft und verhöhnt uns Frankreich wegen dieser unserer Schwäche.

Wilson verkündigte als Programm die freie, offenherzige und unparteiische schiedsrichterliche Entscheidung aller Kolonialansprüche. Und was geschah? Alle deutschen Kolonien wurden ohne Verfahren und ohne Entschädigung geraubt. Wilson wollte ein neues freies und unabhängiges Polen schaffen, das alle Länder mit einer zweifellos polnischen Bevölkerung umfassen sollte. Statt dessen wurden gegen den Mehrheitsbeschluss der Bevölkerung Millionen deutscher Untertanen in Oberschlesien, Westpreußen und Posen unter polnische Herrschaft gestellt, unter ein minderwertiges, rückständiges Regiment. Danzig und das Memelland sind urdeutsch; dort regieren Polen und Litauer. Ostpreußen, die Wiege deutscher Freiheit, ist vom Vaterlande abgeschnürt und führt ein kümmerliches Dasein. Vom Saarland, das deutsch ist ohne alle Einschränkung, durch Blut und Wahl und Geschichte, so deutsch, daß sogar unsereFeinde an seiner Deutschheit nicht zu deuten wagten, – vom Saarland ist eine besondere Geschichte aus dem Versailler Vertrag zu erzählen, die heißt:

Saarland hat Kohlengruben; die werden Frankreich auf fünfzehn Jahre zur Ausbeutung zugesprochen. Da darf es im Saarland französische Schulen einrichten, eigene Arbeiter ansiedeln, die Bevölkerung nach eigenem Gutdünken verändern, verdrängen, auffüllen, schalten und walten, wie es will... Die Saarbevölkerung will frei und deutsch sein und bleiben, bestürmt den Völkerbund unter Berufung auf die weltweit verkündete Freiheit des Rechtes der Nationen, schreit ihre Not, ihr Recht in die Welt hinaus, – aber Saarland ist von Deutschland abgetrennt und soll ihm entfremdet werden. Nach fünfzehn Jahren französischer Volksschulen und Treuhandregierung, Siedlungspolitik, Frankenwährung, Polizeiterror und Bedrückung heimisch-deutscher Kultur, – dann ‚Volksbefragung' – wie in Euften-Malmedy und Oberschlesien. Weh dann dem, der nicht französisch antwortet! Denn Saarland hat Kohlengruben, die dürfen nur dann deutsch bleiben, ‚wenn das Volk nach fünfzehn Jahren noch zu Deutschland zurückkehren will'. Wenn es noch wollen kann, soll es zurückkehren dürfen? Ja. Wenn es dann binnen sechs Monaten seine Kohlenbergwerke mit Gold zurückkaufen kann.

Und wenn es nicht kann? Und es wird nicht können, da der Versailler Vertrag ihm so viel Gold niemals übriglassen wird. Dann – dann gehen Land und Leute in Frankreichs Besitz über. Aber wenn sie nicht wollen? – Dann gegen ihren Willen. Das ist Menschenschacher, Sklavenhandel!" In Posen, Westpreußen und den Kolonien wurden Deutschland die Kornkammern genommen, im Saarrevier und Oberschlesien die Kohlenfelder und Werkstätten. Deutschland sollte nach vierjähriger Belagerung und Aushungerung weiter hungern, noch bitterer hungern als im Kriege. Die Handelsflotte musste es abliefern, damit die Nahrungszufuhr aus fremden Ländern erschwert und das Wiederaufblühen von Handel und Schiffahrt unterbunden sei. Mauersteine, Bauholz, Fensterglas, Kalk, Zement mussten in gewaltigen Mengen abgeliefert werden, so daß in Deutschland eine Bau- und Wohnungsnot entstand, die für Volkswohl und Volkssitte unerträgliche Zustände hervorruft. Der Hauptgrundsatz persönlicher Freiheit: „Mein Haus ist meine Burg!" ist durchbrochen. Keiner ist Herr seiner Burg, über die Wohnungen verfügt ein rücksichtsloses Amt, das die Insassen verteilt und gruppiert wie Insassen einer Fürsorgeanstalt. Viele Hunderttausende von Brautpaaren warten auf ein eigenes Heim, um den Ehestand zu beginnen, und müssen warten und die Ge-fahren aussichtslosen Brautstandes erdulden. Meister Guntram fährt fort:

„Wie glaubt ihr euer Gewissen beruhigen zu können, wenn ihr auf die bisher hochbeschäftigte deutsche Industrie hinweist? Sklavenarbeit für euch!

Ich sage, was ich gesehen habe, – anders und genauer, als eure schnellen Oberammergaureisenden und Königsseefahrer: unsere Kinder verhungern. Unsere alten Leute verhungern. Nicht in ein paar Fällen, sondern zu Tausenden. Sie verhungern leise und klaglos. Aber ich klage für sie und sag' euch vor Gott: Das Elend der Masse derer, die den brutalen Kampf ums Dasein nicht verstehen, ist in aller Stille so fürchterlich, daß alle Almosen von Schweden, Holland, Amerika ihm bei weitem nimmer nachkommen. Es ist der stille Tod: Schwindsucht in allen Formen, Rachitis, Verhungern – und schlüpft alle Tage aus den Sätzen des Versailler Vertrages, und alle Tage bringt er seine Ernte ein – alle Tage, alle Tage.

Und noch etwas, – davon wird die Welt noch widerhallen. Schwarze Soldaten stehen in unserem Land und sind die Peiniger deutscher Menschen. Wenn ihr's durch französischen Betrug nicht wisst, so habt ihr des keine Entschuldigung; denn alle Welt kann es wissen und weiß es, und der Entsetzensschrei ist schon zu euch hinübergedrungen; aber ihr meint, einem Deutschen nicht glauben zu müssen.

Es sind nicht Hunderte, es sind nicht Tausende, es sind etliche Zehntausend. Der Deutsche ist ihnen in die Hand gegeben – ihren Roheiten, ihrem Bestieninstinkt, ihrem anbefohlenen Herrentum. Ihretwillen werden deutsche Schulen, deutsche Hospitäler geräumt. Ihretwillen ist Deutschland von tropischen Seuchen bedroht. Von deutschem Geld müssen ihnen Freudenhäuser gebaut werden, und deutsche Mädchen müssen ihrer Brunst geopfert werden. Ihr wisst, daß, wo sie sind, kein weißes Weib vor ihren viehischen Trieben sicher ist, und daß die weiße Rasse geschändet wird bis zur Unerdenklichkeit; und daß Frankreich alles, alles tut, um ihre Schandtaten ungestraft zu lassen; und wo deutsche Männer die weiße Ehre verteidigen, da werben sie niedergeschlagen, eingekerkert, verfolgt. Ihr wisst, daß da am Rhein die Weltgeschichte mit französischer Hilfe und englischer Duldung ein neues, furchtbares Kapitel zu schreiben beginnt, und schon stehen die ersten Sätze geschrieben: Der schwarze Mann mitten in Europa als Herr weißer Männer und Frauen. Aber eins zum Schluß und über alles. Ihr habt nun auch über Mitteleuropa einen solchen Zustand der Dinge gebracht, daß die Verzweiflung gekommen ist, und daß zum Mord der Freiheit, zum Mord der Kinder und Alten, zur Schande der Frauen im besetzten Gebiet nun auch die Seele unseres Volkes vergiftet worden ist. Allenthalben beginnen viele Seelen in Verderben und Verdammnis zu fallen. Unter dem Hüllenleben, das ihr uns bereitet habt, versinkt ein Teil unseres Volkes in Gier und Laster und Schmutz, weil ihr den Weg zu

Ehre und freier Arbeit uns verbaut habt. Daher mögt ihr denken, wie ihr wollt, – ihr habt dafür mehr Verantwortung, als ihr zu glauben imstande seid.

Ja, daß ein Teil unseres Volkes, um Leben und Freiheit, Hoffnung, Ehre und Gut, um alles, was Menschenrecht ist, betrogen, die große Lüge und das beispiellose Elend sieht, das ihr uns und unseren Kindern bereitet habt und ferner bereiten wollt, – daß dieser Teil des Volkes nun, wie ihr selbst es nicht anders könntet, einen unsäglichen, bitteren Hass in sich trägt und nichts mehr empfinden kann als Elend und Hass, und daß ihr ihm mit dem Versailler Gebäude den lebendigen Gott vor seiner Seele vermauert habt, – das ist's, was wir euch am allerlautesten ins Gesicht schreien, und warum wir euch am allerungestümften als wegen eines Überfrevels gegen die ewigen Gesetze vor Gottes Gericht laden, daß er selbst spreche.

Alle Lüge und Bostat trägt in sich selbst den Tod, und jeder Frevel muß durch sich selbst zugrunde gehen. Es ist durch den Vertrag von Versailles Grundlage der weiteren Weltgeschichte geworden, daß ein Volk das andere verleumden darf; und am Anfang der neuen Zeit steht eure wohlbereitete Maschine, welche die große Verleumdung durch alle Enden der Erde weitergibt, wiederholt, vermehrt und es heute, vier Jahre nach dem Friedensschluss und dem Beginn unserer Folterung, weitertut: daß über ein stummgemachtes Volk alles gelogen werden darf, was der Hass und ein schlechtes Gewissen erfinden. Die Maschine arbeitet trefflich und wird bewundert, soweit die Kabel reichen und die Funken gehen!

Und es ist von eurem Hohen Rat zur Grundlage der weiteren Völkergeschichte gemacht worden, daß ein wehrlos gewordenes Volk gequält, entrechtet, geplündert, von schwarzen Horden und von weißen Peinigern geschändet werden und mit höllischer Kunst langsam zu Tode gehetzt und gehungert werden darf. So habt ihr nun dem Weltgeschehen in Versailles, Spa, London neue Gleise gelegt; eure starken Männer haben ihre Stärke drangesetzt, um die neue Ordnung zu befestigen, und ihr habt als Volk dazu Ja und Amen gesagt und euch dazu bekannt. Nunmehr gründet sich alle weitere Weltgeschichte auf den Grundlagen von Versailles, und was irgendwo unter Völkern geschieht, das nimmt von Versailles seinen Ausgang, schielt nach Versailles, entspringt irgendwie aus einem der 440 Paragraphen des Vertrages von Versailles.

Noch zwei oder drei Jahre, – und Versailles ist wirklich so sehr Grundlage der Geschichte geworden, daß weder ihr noch die Völker mehr davon loskommen könnt, und fürderhin seid ihr verflucht, diesen Strang weiterzuspinnen und euch selbst darin zu erdrosseln."

Es dreht sich jetzt nicht um die Kriegsschuld. Es handelt sich um die Schuld des Friedens von Versailles. Hier liegen die Beweise klar, der Fall ist spruchreif. Wenn Deutschland zugrunde geht, reißt der Damm, und die Sturmflut bricht herein. Von der Entscheidung hängt ab, ob die Welt gerettet werden kann, oder ob sie zerbirst.

Siebentes Kapitel

Das Pekinger Konferenzthema: „Der wirtschaftliche Wiederaufbau"

Die Frage nach dem wirtschaftlichen Wiederaufbau der Welt stand bei sämtlichen Teilnehmern der Pekinger Konferenz im Vordergrund des Interesses. Alle fühlten es nach den Erfahrungen im eigenen Lande und am eigenen Leibe, daß das friedliche Wirtschaftsleben innerhalb der Volksgrenzen und im zwischenstaatlichen, im Weltverkehr, tief erschüttert war. Die künstliche, unnatürliche Absperrung der Völker voneinander, die Umstellung der Industrien der Welt auf die Erzeugung kulturfeindlicher, Werte zerstörender Fabrikate, die ungesunde Preisbildung für Arbeitslöhne und Waren ohne Rücksicht auf die Gesetze ihrer Bemessung im friedlichen und geordneten Wirtschaftsleben, die Ausschaltung von Millionen der besten Arbeitgeber und Arbeiter aus dem Schaffenswerk durch den Kriegsdienst, die Zerstörung des Vertrauens im internationalen Verkehr und zwischen den Bevölkerungsklassen, die Veränderung der Vermögenslage in der allgemeinen Volkswirtschaft und im Einzelleben, – alles das fühlten sie auf der Welt lasten und streckten sich sehnsüchtig nach einem befreienden Licht, das das Dunkel erhelle, nach einem Wegweiser aus den Wirrnissen.

Der chinesische Konferenzausschuss, der die Ordnung der Vorträge zu bearbeiten hatte, hatte deshalb das wirtschaftliche Thema: „Industrial reconstruction" gewählt und mich gebeten, es zu bearbeiten. Sie wünschten bei der Wahl des Themas etwas über den Wiederaufbau des Wirtschaftslebens in der Welt und bei den einzelnen Völkern zu hören, ein befreiendes Wort nach der Richtung, wie die Reibungsflächen im Wirtschaftsleben auszuschalten seien, so daß in Zukunft äußeren und inneren Kämpfen vorgebeugt und sozialer Friede geschaffen werde. Es war auf der einen Seite nicht schwer, den Hörern klarzumachen, daß an eine Besserung, an einen Wiederaufbau gesunder Weltwirtschaftsverhältnisse nicht zu denken sei, solange der Vertrag von Versailles die Grundlage für die Beziehungen der Völker bilde. Der Gedanke, daß die Weltwirtschaft ein einheitlicher Organismus ist, daß sich nicht ein wesentliches Glied des Gesamtleibes, das arbeitstüchtige und erfindungsreiche Volk der Deutschen, bis zur Ohnmacht auspressen und versklaven lasse, ohne daß die Störung des Blutumlaufes sich an den übrigen Gliedern auf das empfindlichste straft, wird allmählich Gemeingut des Verständnisses bis nach Ostasten hinaus. An einen Wiederaufbau des Weltwirtschaftslebens kann nur gedacht werden, wenn unter Aufgabe der Grundsätze des Versailler Friedens ein umfassender Plan für die Ordnung der Reparationen und der Schuldenverhältnisse aufgestellt wird. Zu diesem Werk müssen die Abgesandten aller Großmächte ohne Unterschied, ob Sieger oder Besiegte, gleichberechtigt zusammentreten. Die Abgesandten müssen die anerkannten Sachverständigen auf wirtschaftlichem Gebiet sein, mit weitgehenden generellen Vollmachten versehen, um ungestört durch die Eingriffe der heimischen Machtpolitiker die Grundzüge und Richtlinien festzulegen, in denen der wirtschaftliche Vormarsch anzutreten ist. Gelingt dies nicht, scheitert dieser gewaltige Friedensplan an der Selbstsucht und dem Machthunger von einzelnen Staaten, dann ist das Ende furchtbar und das Grauen nicht abzusehen. Die Welt versinkt im blutigen Zusammenbruch.

Aber auch wenn es gelänge, einen tragfähigen Frieden zu schließen, wenn das Ungeheure erreicht würde, eine Atmosphäre des Vertrauens zwischen den Völkern wieder herzustellen, das Letzte, Größte und Schwerste stände noch aus: die Schaffung des Friedens zwischen den Klassen im Volk, die Lösung der sozialen Frage. Sie kann nur gelöst werden, wenn unser Wirtschaftsleben auf neuer Grundlage aufgebaut wird, wenn das freie Spiel der Kräfte, die ungehemmte Herrschaft des Privatkapitals und privatkapitalistischer Truste durch ein System der

Gemeinwirtschaft und der Gemeinnützigkeit ersetzt wird. Zwei Mächte ringen um die Herrschaft, der Kapitalismus und das Proletariat. Die dauernde Alleinherrschaft einer der beiden Mächte wäre der Untergang der Kulturwelt. Daß beide miteinander stritten, daß keine Synthese gefunden wurde, war die Ursache des Krieges. Weil der Friede von Versailles die Möglichkeit der Findung der Synthese vernichtet, muss er fallen oder die Welt.

Kapitalismus ist nicht gleichbedeutend mit Privatbesitz und Nutzung von Kapitalwerten. Das Kapital hat produktive Kraft. Sein schöpferischer Gebrauch ist sittlich. Aber es gibt Entartung, Überschätzung und falschen Gebrauch dieser produktiven Macht. Wenn das Geld der Beherrscher der Menschen und der Völker wird, wenn Behaglichkeit, Verfeinerung der Lebenshaltung, Wohlstand, Reichtum nicht der Lohn eigener Arbeit ist, wenn lediglich der Besitz von Aktien, von Territorien im Umkreis übervölkerter Städte Reichtümer in den Schoß wirft, ohne Mühe, wenn keine persönlichen Beziehungen mehr zwischen arbeitendem Kapital und dem Arbeiter, der mit seiner Hände Werk die Mittel zum Kapitalerwerb und zur Spekulation erst schafft, bestehen, wenn auch bei persönlicher Leitung industrieller Werke der Unternehmer nicht mehr darum vorwärtskommt, weil er fleißig, klug und tatkräftig ist, sondern weil er geschickt und mit Glück in Rohstoffen spekuliert und umgekehrt trotz der Vortrefflichkeit seines Betriebes nicht prosperiert, weil die vom Kapitalismus beherrschte Marktlage gegen ihn ist, wenn der Handel nicht der Bewegungsfaktor der realen Waren ist, sondern wenn nur mit Urkunden über Lieferung von Waren spekulativ operiert wird, die vielfach gar nicht existieren, wenn das Bankgeschäft, das seinem ursprünglichen Wesen nach nur das Hilfsgeschäft der Geldund Kreditbeschaffung für das Wirtschaftsleben leisten soll, die Zentrale für das die Gewinne abwerfende Geschäftsleben wird, also zum Selbstzweck wird, ohne daß direkt verwendbare und verzehrbare Realprodukte geschaffen werden, wenn der aus dem Kapital erwachsende Reichtum die Quelle üppigen Genusslebens wird, dann beherrscht das Geld die Wirtschaft des Einzelnen und des Volkes. Das

Genussleben reizt aber immer weitere Kreise, und so entsteht das Jagen nach Reichtum durch Spekulation und Heirat. Die Genügsamkeit wird seltene Tugend. Die Menschheit tanzt um das Goldene Kalb. Der „Mammon" wird zum Verderber der Völker und Menschen. Der Unterschied zwischen den Reichen und den Armen wird dann unmessbar. Einige wenige werden Millionäre, Milliardäre, und auf der andern Seite haben Millionen nur das knappe Existenzminimum trotz Arbeitsfähigkeit und -Willigkeit. Die Festsetzung der Arbeits- und Lohnbediugungen vollzieht sich nicht auf der Grundlage gleichberechtigter Verhandlung; sie führt zum Kampf unter Ausnutzung der wirtschaftlichen Machtmittel, des Streiks und der Aussperrung. Das Geld entscheidet: Wer ist stärker, Betriebsreserve oder Streikkasse? Misstrauen und Hass statt verständnisvoller Zusammenarbeit, alles dies ist „Mammonismus". Der Mammonismus beherrscht die öffentliche Meinung. Das Volk wird um die Quellen seiner Bildung und Belehrung betrogen. Die Tagespresse wird die Dirne des Geldes. Nicht genug, daß die Kampfstellung der politischen Parteien die Wahrheit in ihren Presseorganen verdunkelt und sie zu heillosen Verdummungsmaschinen herabwürdigt, – die unsichtbare, für weite, auch gebildete Kreise oft nicht erkennbare Beeinflussung der öffentlichen Meinung durch die Geldmächte ist die feinste, aber stärkste und fast unzerreissbare Fessel der menschlichen Freiheit. Unter der Herrschaft des Mammonismus können die Völker zu äußerer glänzender Entwicklung gelangen: Vollkommenheit des Verkehrslebens, Überwindung von Raum und Zeit, von Klima und von Naturgesetzen, herrliche Villenvororte und Vordergebäude, aber daneben und dahinter licht- und luftarme Viertel und Hinterhäuser, Massenprostitution und Kinderelend. Wohl Zivilisation, aber keine Kultur. Denn wahre Kultur kann nicht mit Verkümmerung und Vergewaltigung derer verbunden sein, die nicht in ihrem Lichte leben können. Wahre Kultur schafft immer den Weg der Befreiung für alle.

Die Freiheit besteht aber nicht in der Beseitigung des Privateigentums, nicht im sozialistischen Staat, nicht in der Herrschaft des Proletariats. Die Erörterung dieser Frage darf man nicht bloß deshalb hinausschieben, weil die gegenwärtige Verarmung und Verschuldung der meisten europäischen und auch außereuropäischen Staaten die sozialistische Erfassung der Produktion nutz- und aussichtslos erscheinen lässt, weil man des faulen lieben inneren Friedens wegen nicht an gefährliche und kranke Stellen des Volkskörpers rühren möchte. Ich meine, man müsste gerade in dieser Zeit der Not, die ein Lehrmeister bei der Betretung neuer Bahnen werden kann, ein Lehrmeister mit den starken Zwangsbefugnissen des unvermeidlichen Muss, offene Augen bekommen und einen mutigen freien Blick, die Aufgabe anzufassen.

Es liegt so nahe, wenn man die Schäden des Kapitalismus erkennt, zu folgern, daß der Schädling beseitigt werden muß. Wir wissen es, daß Millionen danach suchen, daß man von der Sozialisierung des Grund und Bodens und der produktiven Rohstoffe, von der Ausgleichung des Privatbesitzes, von der Beseitigung des Erbrechts das Heil der Menschheit erwartet. Nicht bloß begehrliche, mißgünstige, brutal egoistische Menschen schreien diese Forderungen in die Welt, sondern die edelsten Geister und Charaktere setzen sich für die Gedanken ein, und insbesondere versuchten Christen, die in den Lehren der Bergpredigt ihres Meisters das zwingende Gebot und den einzig möglichen Weg der Lösung sehen, sein Wort wahrzumachen und danach zu leben. Man kann diese edlen, ernsten und selbstlos gemeinten Versuche nicht damit abtun, daß man auf das Misslingen aller in der Geschichte bekanntgewordenen Versuche der Verwirklichung hinweist. Die „Nova insula Utopia" musste selbstverständlich für alle Zeiten das warnende Kennwort für aussichtslose Phantastereien schaffen; denn es ist klar, Glücksinseln einer vollen Güter- und Lebensgemeinschaft lassen sich in dem Jahrhundert des Weltverkehrs nicht einmal dann schaffen, wenn sie meerumrauscht sind, viel weniger, wenn sie willkürlich geschaffene Inselgebiete in dem sie umflutenden, anders eingestellten Wirtschafts- und Kulturleben im eignen Lande sind, wenn durch die unvermeidlichen, nie dauernd auszuscheidenden Wechselbeziehungen zu wirtschaftlich anders Eingestellten sich ständig die Unvereinbarkeit der Anschauungen und Lebensweise fühlbar macht. Einem mit der bisher erwiesenen Unausführbarkeit begründeten Verdikt wird stets entgegengehalten werden können, daß es sich bisher um Einzelunternehmungen gehandelt habe, das Ganze sei aber ein Staats- und schließlich Weltproblem. Der sozialistische Staat ist ohne den Sieg des internationalen Gedankens totgeboren. Erst wenn also eine sozialistische Staats- und Weltordnung als undurchführbar zusammengebrochen wäre, könnte ein Urteil über die Aussichtslosigkeit des Sozialismus als System der Volks- und Menschheitsbeglückung unanfechtbar abgegeben werden.

Der Krieg hatte uns in Deutschland gezwungen, unser Wirtschaftsleben in weitem Ausmaß sozialistischen Forderungen anzupassen. Die gemeinsame Not und gemeinsame Verantwortung zwangen auf diesen Weg. Im Herbst des ersten Kriegsjahres wurde es klar, daß wir Deutsche verhungern müßten, wenn nicht eine zwangsmäßige Regulierung des Verbrauchs der Lebensmittel den unwirtschaftlichen Verzehr, den Leichtsinn und die Verschwendung unterband. Man stand vor der Wahl: Kapitalistische Mittel oder Sozialismus. Zunächst wurde der kapitalistische Weg gewählt. Die Kriegsgetreidegesellschaft, deren Mitgründer und nachmaliger Leiter ich war, wollte die Brotversorgung der letzten kritischen Monate im Kriegserntejahr dadurch sichern, daß sie 2 Millionen Tonnen Brotgetreide aufkaufte, einlagerte und rücksichtslos bis zur festgesetzten Verbrauchszeit festhielt. Dadurch wäre in den vorhergehenden Monaten eine künstliche Knappheit und ein Steigen der Preise hervorgerufen worden. Die teueren Preise hätten nach dem Sprichwort: „Teure Ware wird nicht alle" die Bevölkerung zum Haushalten gezwungen.

Der Plan erwies sich als undurchführbar. Eine privatkapitalistische Gesellschaft, selbst wenn sie Machtmittel besaß, wie die Kriegsgetreidegesellschaft, bekam die nötigen Vorräte nicht in die Hand; und wenn sie sie bekommen hätte, die Regulierung des Verbrauchs wäre erst recht über ihre Kraft gegangen. Die darbende Bevölkerung hätte vor den Toren der gefüllten Getreidespeicher nicht haltgemacht. Das Volk rief nach Beschlagnahme, nach gerechter Verteilung, nach Staatsbetrieb. So kam die Zwangswirtschaft, die sozialistische Regelung. Deutschland war für die Dauer der Kriegsjahre ein sozialistischer Staat auf dem Gebiet des Wirtschaftslebens geworden. Solange sich die Zwangswirtschaft auf das Brotgetreide beschränkte, war sie erträglich. Namentlich die Regelung des Verbrauchs war in den ersten achtzehn Monaten ein Erfolg. Sittliche Kräfte wurden ausgelöst. Das Volk verstand, daß es sich um „Unser täglich Brot", nicht um das tägliche Brot der Einzelnen handelte, daß Haushalten, Verzichten und Sparen der Gesamtheit zugute kam. Der Opfergedanke war lebendig. Schon Kinder verstanden den Ehrenpunkt. Wäre der Krieg nach zwölf Monaten beendet gewesen, der Gedanke sozialistischer Gemeinwirtschaft hätte in weiten Kreisen Anhänger uno Verteidiger gefunden. Aber die Forderungen der Sozialisten überspannten sich im weiteren Kriegsverlauf, der Gedanke wurde zu Tode gehetzt.

Es zeigte sich, daß die Beschränkung der Zwangswirtschaft auf ein Gebiet nicht möglich war. Die Grenzen zwischen Nahrung für Menschen und für Tiere sind flüssig. Die Regelung des Brotgetreideverkehrs musste folgerichtig die Erfassung des Futtergetreides nach sich ziehen, und die Getreidezwangswirtschaft hatte die Regulierung der Kartoffelwirtschaft zur Folge. Von Stufe zu Stufe, von Nahrungsmittelgruppe zu Nahrungsmittelgruppe schritt die Erfassung und der Zwangsverkehr vor. Schaufenster, in denen lockende Lebensmittel ausgestellt waren, Berichte von Jagden, in denen Wild zur Strecke gebracht war, Zeitungsanzeigen über Genusswaren, Obst, Fische, erweckten die sinnlose habgierige Vorstellung, daß alles, alles durch die sozialistischen Nahrungsämter erfasst und rationiert werden müsse. Jedes Ei, jeder Hering, jede Birne wurden zwangsbewirtschaftet. Es zeigte sich, daß sich die edlen Triebe der Gemeinwirtschaft verflüchtigten. Von Opfern, von Entsagung und Sparsamkeit war nur bei einer kleinen Minderheit die Rede. Die große Menge der Bessergestellten und der Armen führten ein unwahres Leben krassen Eigennutzes, die Hintertüren der Gewissen und der Häuser waren die Zugänge für einen verbotenen selbstsüchtigen Verkehr. Ich glaube, es ist nicht übertrieben, wenn ich sage, daß unter tausend Deutschen es nicht mehr als einen gab, der, vor den Spiegel der hundertfältigen Gesetzgebung gestellt, für makellos hätte befunden werden können. Und das ist doch alles nicht bloß verzeihlich, sondern verständlich, ja folgerichtig notwendig. Jede Rationierung ist von vornherein ein Unrecht. Was für den einen ausreichen mag, ja vielleicht reichlich ist, ist für den anderen eine Hungerportion. Da helfen keine Notverordnungen, keine Bestimmungen über Zulagen für Schwer- und Schwerstarbeiter, keine Sonderversorgung von Kranken, Alten und Kindern. Die Zwangszuteilung wird zum wirtschaftlichen Unsinn. Etwas anderes zeigte sich: Ich glaubte als Ernährungskommissar dem Volk eine Erleichterung der Not zu verschaffen, wenn ich in weitem Umfang auf die Gründung von Volksküchen und offenen gemeinnützigen Speiseanstalten hinwirkte. Aber es stellte sich heraus, daß eine tiefe Abneigung im Volk gegen das öffentliche, alles aufdeckende gemeinsame Verzehren der Mahlzeiten besteht. Alles strebte in die eigenen vier Wände, allem zu sein mit dem Mangel und der Kärglichkeit, den zufälligen fremden Nachbar nicht in die oft bejammernswerten Versuche hineinsehen zu lassen, die öffentliche fade Kost irgendwie zu verbessern und schmackhafter zu machen. Die öffentlichen Küchen hatten für meine Verwaltung schließlich nur den einen Zweck, zu erreichen, daß eine Möglichkeit für jeden Deutschen bestehen müsse, vor dem Hungertode geschützt zu werden. Gemeinsame Wirtschaft nicht bloß im Blockadekrieg mit seinen Hungerrationen, sondern auch, und vielleicht dann ganz besonders fühlbar, im geordneten Wirtschaftsleben tötet den Begriff der Freiheit der Person, der Familie, tötet das Kulturleben. Die Regelung des Verkehrs im Verbrauch musste aber zwangsläufig auch auf das Gebiet der Erzeugung übergreifen. Die Verbraucher traten selbstverständlich mit der Kritik gegen den Erzeuger hervor, es könnte reichlicher, besser und billiger produziert werden. Der stets vorhandene und im Industriestaat besonders scharfe Gegensatz zwischen städtischer und ländlicher Bevölkerung spitzte sich unter der Zwangswirtschaft des Verbrauchs im Kriege aufs äußerste zu. Die gegen sozialistische Einflüsse nachgiebige Reichsleitung umgab den Landwirt mit einem Netz von einschnürenden Bestimmungen der Preisbildung, der Ablieferungspflicht, des Selbstverbrauchs, der Bestellung und nahm ihm dadurch die Freudigkeit, die Verantwortung für erfolgreichen Betrieb. Anstatt der erstrebten Vermehrung der Ernten trat Rückgang ein. Die schematische Bemessung der Preise für Getreideerzeugnisse verschiedenster Güte nahm die Lust zur Züchtung wertvollerer Arten. Der mittelmäßige Durchschnitt wurde die Richtschnur an Stelle der hochentwickelten Eigenart. Die Statistik der Produktion hat es klar erwiesen, daß der Großgrundbesitz auf dem Gebiet der Getreideerzeugung erheblich leistungsfähiger war, als der mittlere und kleinere Besitz. Wenn Deutschland während des Krieges einen sozialistisch zerschlagenen ländlichen Besitz gehabt hätte, es wäre im ersten Jahre an Unterernährung der Bevölkerung zusammengebrochen. Auch auf Seiten der Produzenten trat weitgehende Verwirrung der sittlichen Begriffe ein. Schon bei der statistischen Erfassung der Getreidevorräte musste weitgehend mit bewusster und unbewusster Unterschätzung der Erntevorräte seitens der Behörden gerechnet werden. Das zu verteilende Quantum war deshalb stets zu niedrig und deshalb auch die Ration für die Ernährung des Viehbestandes, namentlich der Zugtiere, völlig unzureichend. Sie in der nach der Statistik nur möglichen Höhe festzusetzen, war ernährungstechnisch ein Unsinn. Wie sollte ein Pferd anstrengende Bestellungs- und Erntearbeit leisten, wenn ihm bestimmungsgemäss täglich nur drei Pfund Hafer geschüttet worden wären? Aber wir wussten, der Landwirt weiss sich zu helfen, und er musste es tun, sonst versagte ja die Produktion.

So war anfangs die Gesetzübertretung Notwehr. Aber die Gewöhnung an Begehung von formell strafbaren Handlungen stumpfte das Gewissen ab. Wer zwangsweise schematisch gleichmäßig mit Gerechten und Ungerechten, Leistungsfähigen und Schwachen, Opferfreudigen und Selbstsüchtigen behandelt wird, wird im Pflichtgefühl seiner Verantwortlichkeit und in der Freudigkeit zum Dienst für die Allgemeinheit geschädigt. So ergibt sich also bei nüchterner Prüfung des Versuchs sozialistischer Wirtschaft, wie er im Kriege in Deutschland angestellt und durchgeführt wurde, als Gesamtergebnis ein Misserfolg. Es wird dem auch nicht entgegengehalten werden können, daß die Kriegszeit zu ungünstige Bedingungen für eine Bewährung geschaffen habe. Ich glaube, daß im Gegenteil das Bewusstsein unerbittlichen Zwanges einerseits und starker nationaler Impulse auf der anderen Seite ertragbarer und weniger schädlich machte, was im Friedensverhältnis als unerträgliche Freiheitsbeschränkung empfunden oder ausgenutzt werden würde. Wir können eine Lösung der sozialen Frage weder unter der ausschließlichen Herrschaft des Kapitalismus noch der des Sozialismus erhoffen, wir müssen neue Wege suchen.

Ein Wirtschaftssystem, das eine glückliche Lösung der Erzeugung und der Verteilung der Güter, zufriedener stellende soziale Verhältnisse bringen soll, muss daran festhalten, daß die tüchtigere Leistung, namentlich die geistige Leistung, höher bewertet wird als die geringere; daß nicht der Lohn der tüchtigen, namentlich nicht der geistigen Mehrleistung dem Erzeuger in kommunistischer Weise entzogen, sondern ihm so weit belassen wird, daß sein Streben für ihn einen privatwirtschaftlich lohnenden Zweck hat; daß das Privateigentum so weit unangetastet bleibt, als es zur Schaffung neuer Werte und zur Aufrechterhaltung der Allgemeinwirtschaft unentbehrlich ist und auch so weit, als es zur Führung einer dem geistigen Niveau des Eigentümers entsprechenden Lebenshaltung und zur Erziehung seiner Kinder zu selbständigen produktionsfähigen Persönlichkeiten und zu gemeinnütziger Vetätigung im Gemeinschaftsleben erforderlich ist. Auf der anderen Seite muss das neue Wirtschaftssystem alles beseitigen, was den bloßen Besitz von Kapital (im weitesten Sinne des Wortes gemeint, also z.B. auch Grundbesitz) ohne entsprechend mitwirkende Arbeitsleistung zur Quelle mühelosen und unverhältnismäßig hohen Gewinnes macht; was lediglich zum Zweck des Gelderwerbs in den wirtschaftlichen Vorgang der Gütererzeugung, Verteilung und Verzehrung eingeschoben wird und diesen Prozess verteuert, ohne ihn notwendigerweise zu erleichtern und zu fördern (überflüssige Zwischenunternehmungen, überflüssiger Zwischenhandel); was die Verfolgung eines reinen Herrenrechtsstandpunktes in sich schließt, die absichtlich unrentable Bewirtschaftung eines Landgutes, die Ausnutzung eines produktiv höher verwertbaren Gutes lediglich zu Iagdzwecken, sinnlose Vergeudung von volkswirtschaftlich wichtigen Werten.

Die neue Wirtschaftsordnung wird deshalb nicht davor zurückschrecken dürfen, in das Privateigentum unter Lebenden und von Todes wegen weiteftgehend einzugreifen. Die Grenze für die Möglichkeit eines solchen Eingriffs ist in der Theorie nicht schwer zu ziehen:

Der Eingriff darf dem Eigentümer bei seinen Lebzeiten nicht die Freude und die Spannkraft zum Wirken nehmen. Es muss aber als berechtigt angesehen werden, das Erbrecht auf die nächsten Angehörigen und auf diese so weit zu beschränken, daß sie nur die erforderlichen Mittel zur Führung eines produktiven Lebens, zur Fortsetzung des väterlichen Betriebs behalten. Menschen, die weiter nichts sind als der „Junior", als der „reiche Erbe" und die „reiche Erbin", darf es in der neuen Wirtschaftsordnung nicht geben.

AIs sittlicher Grundsatz muss herrschen, daß der Kulturzustand eines Volkes nur dann im Fortschreiten ist, wenn die Lebenshaltung immer weiterer Kreise eine gehobenere wird. Nicht die absoluten Zahlen der Milliarden des Volksvermögens sind der Gradmesser seines Wohlstandes oder gar seiner Kultur, sondern die Verhältniszahlen der Anteilnahme der einzelnen Volksgenossen am Gesamtvermögen. Ein Volk von 50 Millionen Einwohnern, dessen Gesamtvermögen 200 Milliarden Goldmark wert ist, hat die doppelt bessere Bedingung wirtschaftlich glücklichen und kulturell gehobenen Lebens, wenn auf 45 Millionen seiner Einwohner tunlichst gleichmäßig der Anteil von 90 v. H. des Volksvermögens entfällt, als wenn diese 45 Millionen sich mit der Hälfte des Anteils am Vermögen begnügen müssen, während die oberen 5 Millionen die Eigner und Nutznießer der anderen Hälfte sind. Kultur ist nicht verfeinerte oder gar überfeinerte Lebenshaltung einer Minderheit. Segeljachten aus Mahagoniholz, langgebaute Autos und echte Teppiche sind oft der Firnis gröbster Unkultur. Die glanzvolle äußere Seite, so sehr sie ins Auge fällt und das Gesamtleben zu beherrschen scheint, ist meist ein Zerrbild des wahren Kulturzustandes des Volkes.

In Japan war in dem Zeitalter, das vor dem Einbruch der amerikanischen und westlichen Zivilisation liegt, also vor dem Siegeslauf der Großindustrie, ganz gewiss mehr Volkskultur als in dem Japan unserer Tage. Bis hinunter in die Klasse der Kulis: Freude und Verständnis für die Schönheit ihres Landes, für silberne Fusiyamanächte und das Leuchten der Sonne, wenn sie sich aus dem unendlichen Meer erhob, Verständnis und Liebe für die Form und Ausschmückung der einfachsten Hausgeräte, Achtung vor den Alten und die Wahrung ritterlicher und lieblicher Formen im Verkehr der Männer und Frauen. Wohl gibt es Mäzene, die den rechten Gebrauch von ihrem Reichtum machen; die alten herrlichen deutschen Städte verdanken ihren Glanz den reichen Bürgern. Aber je mehr die Volkswirtschaft Geldwirtschaft wurde und die Maschine die arbeitenden Klassen selbst zur Maschine machte, verlor die Kulturarbeit weniger Reicher an Einfluss auf das Leben der breiten Masse. Was nützen die Kunstsammlungen und architektonisch bewundernswerten Bauten, die Vahreuther Festspiele und die vollendetsten technischen Ausstellungen, was nützen Dome und Gedächtniskirchen, wenn ein Wirtschaftssystem herrscht, das Vater und Mutter zur Arbeit außer dem Hause zwingt, wenn kein Heim da ist, das den Namen Heim verdient. Kultur ist nicht denkbar ohne Heimstätte, ohne Familie, ohne Gott. Was für traurige Existenzen sind oft die mühelos reichgewordenen Söhne reicher Familien. In einer Verhandlung vor der Strafkammer des Landgerichts in Berlin erschien einstmals als Zeuge ein junger Mann. Auf die Frage des Präsidenten nach seinem Beruf entgegnete er, er sei ohne Beruf. Der Vorsitzende fragte weiter, womit er sich beschäftige. „Nu, ich bin der Junior", war seine Antwort. Und so sah er aus. Weichlich elegant angezogen, kraftlos in Haltung, des Lebens überdrüssig, dekadent.

Nicht vereinzelt habe ich im Amtsleben Männer getroffen, denen der von Jugend auf gewöhnte Reichtum der Zerstörer ihres Lebensglückes war. Schon als Jungens verwöhnt, bei geringem Übelbefinden vom Arbeiten dispensiert und ärztlich behandelt, ängstliche Beobachter ihres Gesundheitszustandes, ihrer Nerven, waren sie trotz guter geistiger Anlagen leistungsschwach und schließlich leistungsunfähig. Hysterisch aus Furcht vor sich selbst, vor erblicher Belastung, unterlagen sie im Kampf. Und andere habe ich kennen gelernt, mehr geplagt als die vorigen, durch körperliche und seelische Schwäche, aber im harten Kampf des Lebens gestählt, unter dem zwingenden Muß, durchzuhalten für sich und die Ihrigen, siegreich, weil nichts und kein anderer da war, der die Arbeit für sie tat, der das Gehalt, den Arbeitsverdienst ersetzte; trotz der Härte des Kampfes beneidenswert im Vergleich mit den armen Reichen.

Welches Herzeleid, welche Tragödien sind mit dem Schicksal der „reichen Erbin" verknüpft. Da gibt's ungeschriebene, aber unerbittlich gültige Familiengesetze bei einzelnen reichen Geschlechtern in Stadt und Land, ja weithin auch in bäuerlichen Kreisen, daß das Geld beisammenbleiben muss. Unter Zertretung der Triebe des Herzens wird die Freiheit der eigenen Entschließung geknechtet. Mag der vom Familienrat erkorene Bräutigam ein bereits durch Inzucht degenerierter Trottel sein, – tut nichts, er ist der gebotene Partner fürs Leben mit der reichen Erbin, weil auch er der Erbe ist. Geld muss zu Geld kommen. Die Schließung der heiligsten Bande wird behandelt wie die Zusammenlegung der Anteilscheine einer Familiengesellschaft mit beschränkter Haftung. Welchen Nachstellungen kaltherziger Mitgiftjäger sind andere reiche Erbinnen ausgesetzt, bei denen sich die Gattenbestimmung nicht nach dem Familienkodex der Zusammengehörigkeit der großen Vermögen vollzieht, wo aber die Sucht eitler und ehrgeiziger Väter und Mütter danach trachtet, bei der Verheiratung der Tochter mit vornehmen, hochgestellten Kreisen in verwandtschaftliche Beziehung zu kommen. Rostig und ruppig gewordene Wappenschilder werden vergoldet, und unter ihrem neuen Glanz schmachtet ein liedarmes

Leben von Menschen, die sich innerlich nichts zu sagen haben und sich schließlich verachten.

Eine Wirtschaftsordnung, die dem mühelos und ohne Arbeit gewonnenen Reichtum die Existenzberechtigung nähme, würde sittliche Schäden tiefster Art beseitigen und die Grundlage gesunder Entfaltung überalterter Familienkreise schaffen, die in äußerem Glanz leben, innerlich aber wurmstichig und hohl und unglücklich sind.

Sie soll aber nicht bedeuten, daß an den Grundlagen jeder gesicherten Existenz zu rütteln sei. Zunächst muss das durch eigene Arbeit Erworbene in erster Linie dem Schöpfer des Erwerbes zugute kommen. Die dem Kapital innewohnende produktive Kraft muss weiterwirken, und das tut sie am sichersten in der Hand dessen, der sie hervorbrachte. Auch das Erbgut ist eine wirtschaftlich sittliche Macht, wenn es als Aufgabe übernommen wird. Menschen, die gegen Not geschützt sind, haben einen unschätzbaren Vorteil vor denen, die sich durch die Verhaue tiefster Armut hindurcharbeiten müssen, ehe sie Armfreiheit fürs Leben bekommen. Der Geist wird freier, das Herz ist großmütiger, der Wille ungebrochener und für das Gemeinwohl selbstloser eingestellt, während die Not so oft kleinlich und bissig und unwahr macht.

Aber das kann nur von denen gesagt werden, die arbeiten, die das erwerben, was sie von den Vätern ererbt haben, und die als den sittlich einzig berechtigten Niederschlag ihres Besitzes die soziale Verantwortung fühlen.

Es leuchtet ein, daß bei Verfolgung eines Weges wie des von mir gezeichneten für die Mehrzahl der Menschen eine völlig neue Einstellung erforderlich ist. Insbesondere müssen die bürgerlichen, sozial gesonnenen und besonders auch die christlichen Kreise einsehen, daß die bisherigen Bestrebungen, der sozialen Not zu steuern, die soziale Frage zu lösen, nur ernste und gewiss auch wertvolle Versuche gewesen sind, denen teilweise auch großer Erfolg beschieden war, daß sie aber nicht zu verhindern vermocht haben, daß die Kluft zwischen den Klassen sich vertiefte und verbreiterte. Sie waren Vorläufer neuer Entwicklung, sie haben vortreffliches Belehrungsmaterial geliefert, auf den von ihnen geschaffenen Grundlagen ist aufzubauen. Ohne ihr Vorwirken wäre ein soziales Fortarbeiten, eine Umstellung nicht denkbar. Ich denke an die Bodenreform, an die gewaltige deutsche soziale Fürsorgegesetzgebung. Aber der einzig mögliche Weg der Rettung aus der heillos erscheinenden Not ist eine Gemeinwirtschaft, unter Ausgestaltung und Vervollkommnung des genossenschaftlichen Gedankens. Im Mittelpunkt muss die Beteiligung der Arbeiterschaft am Gedeih und Verderb des Unternehmens stehen. Der Arbeiter muss Verständnis für den Betrieb und Interesse am Gewinn und Verlust der Betriebsergebnisse haben.

Jeder, der sich mit diesem Problem beschäftigt hat, weiß, daß zahlreiche Versuche, die Arbeiter am Gewinn zu beteiligen, gescheitert sind. Die Arbeiterschaft läßt sich die Verteilung von Dividenden auf ihren Kopf gern gefallen, der logischen Forderung der Mittragung des Risikos steht sie ablehnend gegenüber. Deshalb dauert die Freude dieser Gemeinwirtschaft meist nur so lange, als die Gewinnanteile steigen oder wenigstens gleich hoch bleiben; bei gebotener Herabsetzung oder gar einem geforderten Zuschuss aus dem Arbeiter-Gewinnreservefonds fällt sie auseinander. So einfach ist also die Sache nicht. Die Fehler dieser Versuche beruhen darauf, daß der einzelne Arbeiter als gewinnbeteiligt angesehen wird, daß ihm kleine Aktien gegeben, daß ihm persönlich Dividenden ausgezahlt werden. Er richtet dann sein häusliches Budget nach den Dividenden ein, und deshalb kann er die Schmälerung des Einkommens in schlechten Jahren nicht vertragen. Etwas ganz anderes ist es, wenn die Arbeiter eines Betriebes eine Wirtschaftsgenossen-schaft darstellen, die als solche am Vermögen der Gesellschaft oder des Einzel-Unternehmerkapitals beteiligt wird. Dann müsste durch ein gesetzlich so geordnetes Genossenschaftsstatut vorgeschrieben werden, daß die Auszahlung von Iahresgewinnanteilen nicht an die einzelnen erfolgen darf, sondern daß die jährlichen Gewinne nach Speisung eines starken Reservefonds für die Fehljahre der Leitung der Genossenschaft zur Hebung des wirtschaftlichen und kulturellen Lebens ihrer Mitglieder zur Verfügung gestellt werden. Im

Zusammenwirken mit den aus öffentlichen Quellen hierfür verfügbaren Mitteln könnten die Wohnungen verbessert, hygienische Einrichtungen geschaffen, Spielplätze und Horte für die Kinder ins Leben gerufen werden; Erziehung zu sittlichem Sport besonders für die Jünglinge, zur Führung geordneten Haushalts für die Töchter dürfte nicht fehlen. Eine Genossenschaftshelferin müsste den Frauen in der letzten Zeit der Schwangerschaft und nach der Geburt des Kindes beistehen, ihnen die Last des Haushalts in den schweren Wochen des Kindbetts abnehmen und dadurch die Ursache ungemessenen Frauen- und Familienelends, der „Mütterkrankheiten" heben. Starke Genossenschaften könnten die Funktionen der staatlichen und provinziellen Krankenkassen übernehmen, die mit ihren ungeheuren Beiträgen und durch die Schwierigkeiten erfolgreicher und rechtzeitiger Inanspruchnahme und gerechter Verteilung ihrer Vorteile in ihrem sozialen Wert immer problematischer werden.

Man wende nicht ein, daß es das schon gäbe, daß von Staat und Provinzen, daß von humanitären, philanthropischen, sozialen, kirchlichen, parteipolitischen Organisationen und von gemeinnützigen Arbeitgebern geleistet werde, was hier als erstrebenswert bezeichnet wird. Dies alles ist mir nicht neu. Aber das Neue und unbedingt Wirksame in sozialer Hinsicht ist, daß eben nicht durch die genannten Organisationen oder Personen für die Arbeiter gesorgt wird, sondern daß sie es selbst durch ihren genossenschaftlichen Zusammenschluss ausführen, und daß sie die Mittel neben dem öffentlich-rechtlichen Zuschuß durch die gesetzlich festzulegende Beteiligung am Unternehmergewinn erhalten. Auch die Arbeiter wollen die Schöpfer ihres wirtschaftlichen, ihres kulturellen Lebens sein. Wie die deutschen Studenten sich von den Staats- und Universitätsbehörden und deren Vormundschaft emanzipiert haben und die Werk- und Genossenschaftsstudenten in urwüchsiger Kraft ihre Wirtschaftsorganisationen schufen, wie sie die Tüchtigsten aus ihren Reihen als Leiter ihrer Wirtschaftskörper beriefen und sich dadurch das Vertrauen der früheren Vormünder erwarben, so würden auch die ArbeiterGenossenschaften dem eigenen HilfsWerk mit ganz anderem Vertrauen gegenüberstehen als den bestgemeinten Fürsorgeeinrichtungen, und auch hier würden die Tüchtigsten und Zuverlässigsten zu Leitern erkoren werden. Diese würden Blick für die großen Zusammenhänge des Wirtschaftslebens bekommen und darum die geeigneten Mitarbeiter in der Betriebsverwaltung ihres Arbeitgebers, ihrer Gesellschaft werden, von deren Gedeih das Gelingen ihrer Genossenschaftsaufgaben abhängt. Es ist zuzugeben, daß die Arbeitervertreter oftmals keine nützlichen Mitarbeiter in der Betriebsverwaltung waren, daß sie im engeren Zusammenarbeiten mit den Arbeitgebern zwar Einsicht zeigten, daß sie aber in den Versammlungen ihrer Auftraggeber der Massenstimmung unterlägen. Es handelt sich hier um geduldiges Abwarten des Erfolges erzieherischer Praxis. Genossenschaftliche Organisationen sind die einzigen Zusammenschlüsse, auf denen sozial und volkstümlich aufgebaut werden kann. Gegen alle anderen Verbände erhebt sich sofort Widerspruch, dem man die Berechtigung bis zu einem gewissen, oft weitgehenden Grade nicht absprechen kann. In jedem staatlichen oder kommunalen HilfsWerk wird die Gefahr des Bureaukratismus gewittert, gegen den besonders in wirtschaftlichen Dingen das ganze Volk in Erinnerung an die zahllosen unglückseligen Kriegsgesellschaften und -ämter einen energischen, tiefen Widerwillen hat. Bei allen von der Kirche ins Leben gerufenen oder von religiös strebsamen Organisationen geleiteten sozialen Hilfswerken setzt sofort die Opposition aller derer ein, die gegen die Verquickung und Vermengung christlicher Bestrebungen und Leistungen mit materiellen Hilfeleistungen kämpfen. Die Kirchen haben Hervorragendes auf sozialem Gebiet geleistet. Aber wie sie z.B. in früheren Zeiten bahnbrechend auf dem Gebiet des Unterrichtswesens arbeiteten, dann aber dem erstarkten und innerlich gewachsenen Volkswillen, dem Staat, der Gemeinde und den Selbstverwaltungskörpern die Schulen und Hochschulen übergeben mussten, so muss jetzt die Lösung des sozialen Wirtschaftsproblems in die Hände der Organisation der Beteiligten kommen, muss eigene Sache werden. Schließlich können und müssen die Genossenschaften als die Träger der Lösung frei von parteipolitischem Zwang werden. Solange Wirtschafts- und soziale Fragen auf dem Kampfplatz der Fraktionen erörtert und durchgekämpft werden, können sie nie dem Frieden im Volk dienen. Es ist das Unheil unseres innerpolitischen Lebens, daß die Wirtschaftsfragen die Parole für die Wahlkämpfe hergeben müssen. So kommt es, daß der städtische Arbeiter im Zweifel jeden Bauern bis zum Beweis des Gegenteils für einen Lebensmittelwucherer hält, und daß der Bauer wieder im Industriearbeiter seinen Feind sieht, der durch übertriebene Lohnforderungen und durch Streiks das Wirtschaftsleben auf dem Lande schädigt. Wenn die Wirtschaftsgenossenschaften der industriellen Arbeiter sich den Produktions- und Absatzgenossenschaften der landwirtschaftlichen Organisationen anschlössen, wenn sie in direktem Verkehr und Güteraustausch ständen, es würde nicht nur die Lebenshaltung verbilligt und verbessert, es würde ein Vertrauensverhältnis hergestellt werden, das von durchgreifendem Wert für das Volksleben werden könnte. Der Bauer würde die Berechtigung vieler Forderungen der städtischen Arbeiter anerkennen, und der Städter würde die Kalkulation der Bauern verstehen; sie würden sich gegenseitig kennen lernen.

Weil sie sich nicht kennen, lieben sie sich nicht, weil die Parteiblätter jahraus, jahrein gegeneinander hetzen, hassen sie sich. Bei klugen, wohlwollenden Menschen genügt oft ein kurzes Hineinschauen in den Lebenskreis der anderen, um freundschaftliche Empfindungen anzubahnen. Kürzlich kam ein Bauer mit einer Kommission des Landbundes in das Ruhrrevier, um die Not der duldenden Landsleute aus eigener Anschauung kennenzulernen. Nachdem er in Bergwerke hinabgestiegen und an Hochöfen mit ihnen gestanden hatte, sagte er in urwüchsiger Beredsamkeit in einer großen Arbeiterversammlung: „Wenn ich bei Sonnenaufgang mit meinem Gespann aufs Feld ziehe und höre die Lerchen am Himmel singen und atme den Duft der gepflügten Erde, dann sage ich: Ich danke dir, Gott, daß ich ein Bauer bin! Nun bin ich Hunderte von Metern mit euch unter der Erde gewesen, fern vom Sonnenlicht, und habe mich gefragt, würdest du auch beten können: Herr, ich danke dir, daß ich ein Bergmann bin? Ich weiß jetzt was von eurem Leben, ich verstehe euch besser." Genossenschaften sind in Zeiten der Not entstanden. Genossenschaften melden sich jetzt wieder in der furchtbarsten Notzeit, die Deutschland je durchmachte. Sie müssen von uns begrüßt werden. Man muss sie neu ausbauen, man muss sie durch Gesetz zu geeigneten Trägern der Teilnahmerechte der Arbeiter am Unternehmergewinn machen, man muss durch organische Zusammenschlüsse industrieller und ländlicher Genossenschaften neue Wege für die Schaffung sozialen Friedens erschließen. Die großen sittlichen Ideen des Genossenschaftslebens müssen bleiben: in den Genossenschaften gilt nicht das Kapital, sondern die Person. Ob einer 50 Geschäftsanteile hat oder nur einen, die Rechte sind gleich, jeder hat eine Stimme. Hinter dem Geschäftsanteil muß die Haftsumme stehen; jeder haftet für den anderen, einer für alle, alle für einen! Das gibt wirtschaftliche Hilfe und sittliche Kraft. Auf genossenschaftlicher Basis ist die Lösung der sozialen Frage denkbar.

Die schwierigste und umstrittenste Frage wird die nach der Form und der rechtlichen Begründung des Vermögensanteil der Arbeitergenossenschaften am Gesellschaftsvermögen oder dem Kapital des Einzelunternehmers bilden. Die radikale Enteignungsforderung der Sozialisten ist ohne sittliche Berechtigung. Sie ist eine Lockspeise für die Massen. Ihre Durchführung würde jede individuelle Tatkraft töten. Sie brächte gleichmäßige Verelendung. Auch eine neue soziale Wirtschaftsordnung muss am Privateigentum festhalten und darf in dieses nur so weit eingreifen, als es ohne Gefährdung produktiver Existenz möglich ist. Wenn immer das vorausgesetzt wird, daß der zu Besteuernde der Selbstarbeitende ist, der selbst Werte Schaffende, dann widerspricht es nicht dem sozialen Gedanken, daß er bei Lebzeiten durch Überbesteuerung nicht blutleer werden darf. Sein Erwerben, sein Sparen soll ja nicht nur seinen Kindern, sondern der Arbeitergenossenschaft, dem Gemeinwohl zufließen. Bei seinem Tode soll sich der Ausgleich vollziehen. Hier ist der Treffpunkt der beiden Gedankengänge, daß übertriebene Reichtümer, die „Junioren" schaffen, mühelose Reiche, der sittlichen Grundlage entbehren, und daß auf der anderen

Seite den Arbeitern Anteil am Gewinn gewährt und ihr Interesse an Gedeih und Verderb des Unternehmens, dem sie dienen, begründet werden muss. Die Erfassung des Vermögens bei Erbgang darf nicht eine sinnlose Erbschaftssteuer sein, die in der kommunistischen Absicht der Niederringung des Kapitals von der Erbschaft gefordert wird. Sie würde zudem in Deutschland bei dessen verrotteten und dem Ausland verschriebenen Finanzverhältnissen nie einen produktiven Wert im Wirtschaftsleben schaffen können. Die Inanspruchnahme eines erheblichen Teils des produktiven Vermögens kann ihre Rechtfertigung nur dadurch finden, daß die Erträge der wirtschaftlichen und kulturellen Hebung der an der Schaffung und Erhaltung des Vermögens beteiligten Arbeiterschaft zugute kommen. Ein Beispiel möge zeigen, was ich will. Ein Großindustrieller stirbt und hinterläßt seinen Kindern Vermögen von hundert Millionen Mark, von denen angenommen sei, daß sie restlos im Unternehmen stecken und zur Fortsetzung des Betriebes und zur Aufrechterhaltung des angemessenen Lebensstandes der Erben erforderlich sind. In Anrechnung auf die an das Reich zu zahlende Erbschaftsabgabe müsste ein erheblicher Teil des Erbvermögens zur Fundierung der ins Leben zu rufenden Arbeiterwirtschaftsgenossenschaft auf diese übergehen. Es müsste das Unternehmen in eine G. m. b. H. umgewandelt werden, deren einer Gesellschafter die Wirtschaftsgenossenschaft wird. Es werden ihr Anteilscheine gegeben, und nach dem Maß ihrer Beteiligung hat sie Anspruch auf Gewinnanteil. Die Erben werden wahrscheinlich genötigt sein, weitere Gesellschafter aufzunehmen, um Familienauszahlungen zu machen, unter Umständen sogar öffentliche Kassen wegen der Unmöglichkeit barer Zahlung von Erbschaftssteuer vorübergehend bis zur Tilgung zu beteiligen. Solche Erben werden einen schweren wirtschaftlichen Stand haben. Sie werden unter Einsetzung aller Energie bis zu einem gewissen Grade von vorn anfangen müssen, um Gesellschafter loszuwerden, die unbequem sind. Hierzu sollen sie berechtigt sein. Die Anteile der Arbeitergenossenschaft dagegen sind unablösbar; ihre Beteiligung bleibt. Sie soll das Fundament des gemeinwirtschaftlichen Betriebes geben.

Durch soziale Gesetzesmaßnahmen soll also erreicht werden, was ein edler und weitsichtiger Mann im Interesse seiner Arbeiter freiwillig tun würde. Er verschreibt in seinem Testament seinen Arbeitern einen erheblichen Teil seines Industrievermögens, um ihre Lebenshaltung, ihre wirtschaftlichen und kulturellen Verhältnisse zu verbessern. Von einem amerikanischen Milliardär stammt das Wort: „Reich werden und reich sein ist keine Schande, aber reich sterben ist eine Schande." Das Neue an dem von mir vorgeschlagenen Weg ist, daß die Arbeiterschaft genossenschaftlich zusammengeschlossen sein muss, wenn sie als Empfänger des Nachlasses in Frage kommen soll, und dass eine innere Verbindung der wirtschaftlichen Neuordnung mit dem Erbschaftssteuerrecht des Staates in der Höhe des Arbeitererbes geschaffen wird.

Die ungeheuren Schwierigkeiten der Durchführung eines gemeinwirtschaftlichen Systems werden nicht verkannt. Aber sie richtig zu erkennen, sollte bedeuten, an ihre Lösung heranzutreten. Deutsche Organisationskraft würde nicht zum ersten Male vor Bergen der Hindernisse und Missverständnisse, der kleinlichen und selbstsüchtigen Widerstände, vor der Kampfansage durch die Bösen stehen und dürfte doch nicht verzweifeln. Denn man täusche sich nicht darüber, wir müssen die Lösung finden. Die Fortsetzung der Wirtschaft im freien Spiel der Kräfte treibt uns der ungemessenen Herrschaft des Kapitals in die Arme, und diese Herrschaft erträgt der Stand der Proletarier, der Handarbeiter nicht, denn er kommt unter ihr um. Der beschwichtigende Gedanke, daß die Vernunft sich Bahn breche, daß man in Arbeiterkreisen den Wahnsinn des Bolschewismus einzusehen beginne, daß russische Zustände in Deutschland nicht möglich seien, ist unbeschreiblich gefährlich. Ein Monat wirklicher Arbeitslosigkeit und Hungerns würde alle Geduld, alle Schwäche, alle Vernunft über den Haufen werfen, und das Ende wäre da.

Einen besonderen Vorteil beim Vorschlag der gemeinwirtschaftlichen Beteiligung von Arbeitergenossenschaften am Vetriebsunternehmer sehe ich darin, daß hier im Rahmen einer gesetzlich zu schaffenden Grundlage Einzelversuche gemacht werden können, um die Durchführbarkeit zu erproben. In allgemeinen Gewalteingriffen sozialistischer Gesetzgebung in den komplizierten Organismus des Wirtschaftslebens liegt die größte Gefahr. Die Geschichte der russischen Umwälzung wird, wenn sie erst einmal klar zutage liegen wird, ein schauerliches Material bieten. Keine das Wirtschaftssystem des Volkes störende Gesetzgebung darf das Volksleben auf einmal auf den Kopf stellen. Das Neue muss sich aus dem Alten entwickeln. Ein UmMichaelis, Weltreisegedanken sturz ist zwar auf rein politischem Gebiet möglich, ohne daß der Staat zugrunde geht, auf wirtschaftlichem Gebiet bedeutet er Zerstörung.

Es konnte vor meinen Hörern in China nicht meine Aufgabe und soll auch nicht die Aufgabe dieses Buches sein, den Gedanken der Gemeinwirtschaft in seiner vollen Auswirkung auf allen Gebieten des Wirtschaftslebens zu erörtern. So muss vor allem die Anwendung des Systems auf die Landwirtschaft einer grundlegenden Spezialerörterung unterzogen werden. Auch in der Landwirtschaft ist die Lösung der Arbeiterfrage die Voraussetzung des Wiederaufbaues der Volkswirtschaft. Auch hier stehen Fragen zur Erörterung, wieweit im Interesse des Allgemeinwohls in das Privateigentum eingegriffen, wieweit Großgrundbesitz aus berechtigten sozialen Gründen für Kleinsiedlungen in Anspruch genommen werden kann. Selbstbewirtschaftete Güter, deren Betrieb den Anforderungen der Landeskultur entspricht, müssten vor dem Zugriff unbedingt und stets geschützt bleiben. Dagegen würde es den Grundsätzen sozialer Gerechtigkeit durchaus entsprechen, dauernd vernachlässigte Wirtschaften im Interesse des Gemeinwohls zur Sicherung der Volksernährung einzuziehen und unter Umständen zur Kleinsiedlung zur Verfügung zu stellen. Daß bei der inneren Kolonisation Vorsicht geboten ist, daß eine Besiedlung mit wirtschaftlich und finanziell leistungsschwachen oder gar unfähigen Anwärtern eine schwer zu reparierende Schädigung bedeutet, ist allen Einsichtigen bekannt. Es war eine große Unvorsichtigkeit, an maßgebender Stelle während des Krieges zu erklären, daß jeder Kriegsteilnehmer nach siegreichem Friedensschluss die Anwartschaft auf eine Eigenstelle haben solle. Dieses Versprechen hätte sich nie in volkswirtschaftlich nützlicher Weise realisieren lassen. Auf dem Gebiet der Landwirtschaft muss in ganz besonderer Weise davor gewarnt werden, generelle Eingriffe in den bestehenden Rechtszustand vorzunehmen. Die Folge müsste immer Hungersnot sein. Hier ist die Beschreitung des Weges der Fortentwicklung geboten, deren Ziel neben der Sicherung eines ausreichenden Arbeitslohnes eine gleichmäßigere Verteilung des Grundbesitzes unter gleichzeitiger Hebung der Gesamtproduktionskraft bilden muss. Der genossenschaftliche Zusammenschluss wird die Entwicklung ermöglichen, und eine gesunde soziale Gesetzgebung wird sich nicht davor scheuen, Zwangsbestimmungen gegen einzelne eigensinnige und kurzsichtige Wirte zu erlassen, deren Widerspruch die Fortentwicklung ganzer Gemeinden, ganzer Wirtschaftsgebiete hindern kann. Hier sollte sich die Gesetzgebung an den tief eingreifenden Maßnahmen mancher Staaten Nordamerikas ein Beispiel nehmen, die mit erfreulicher Rücksichtslosigkeit gegen Widerstrebende vorgehen, um sie zu ihrem Besten zu zwingen und dadurch das Gemeinwohl zu fördern.

Wer den Neubau unseres wirtschaftspolitischen Lebens auf der Grundlage genossenschaftlicher Gemeinwirtschaft vorschlägt, muss sich darauf gefasst machen, daß er Widerspruch von rechts und links erfährt. Die Vertreter kapitalistischer Interessen werden jede Einschränkung des Spiels der freien Kräfte als unsinnig und verwerflich erklären. Die Kreise der rücksichtslosen und unbeschränkten Geldverdiener werden gestört, und sie haben vorläufig die Macht in der Hand. Die Vertreter des Herrschaftsgedankens im Proletariat werden im vorgeschlagenen wirtschaftlichen Aufbau eine völlig unzulängliche Verwirklichung ihrer Ideen vom kommunistischen Staat erblicken. Da sie aufs Ganze gehen wollen, wird ihnen ein Gedanke der Versöhnung der Interessen nicht genügen.

Aber alle, die einerseits den Schaden der ausschließlichen Herrschaft des Kapitals erkannt haben und andererseits mit Recht den Untergang der Kultur und des Vaterlandes befürchten, wenn der Kommunismus siegreich würde, müssten zum mindesten dazu bereit sein, Herz und Kopf zu öffnen und über meine Gedanken nachzudenken. Vor allen Dingen müssen diejenigen, die nicht bloß Namenchristen sein, sondern Christus und Seinem Willen ein Herrschaftsrecht in ihrem persönlichen und im Volksleben einräumen wollen, sich gesagt sein lassen, daß es mit der bloßen Verkündung einer christlich-sozialen Parole ohne weitgehende persönliche Opfer nicht getan ist. Christentum bedeutet immer Opferwilligkeit und Bereitschaft. Wir sprechen in Zukunft am besten nicht mehr von „sozial" in diesem Sinne. Das Wort „sozial" ist abgegriffen wie ein vom Gebrauch blank und glatt gewordener Türknopf. Man kann ihn links und rechts drehen und hat keinen handlichen Griff. Der Begriff, für den ein Wort zu finden ist, muss Nächstenliebe, Gerechtigkeit und Opferwillen enthalten. Wir sind nicht „unsrer selbst". An Stelle des Eigenwillens muss der „Gemeinwille" treten. Wahrhaft christlich und wahrhaft „gemeinwillig" denkende Menschen können und müssen sich auf wirtschaftspolitischem Gebiet einigen und finden, ohne Rücksicht auf die Zugehörigkeit zur politischen Partei. Parteien, mit deren Programm es unvereinbar ist, im Mitmenschen den Bruder zu sehen, dem volle Gerechtigkeit gebührt, sind hoffnungslos für den Wiederaufbau. Sowohl die kapitalistisch Eingestellten, die vom freien Spiel der Kräfte den Wiederaufbau hoffen, als die Anhänger der Herrschaft des Proletariats, die namens der bisher Rechtlosen Rache üben wollen, sind ausgeschlossen. Sie können nicht mitwirken, den Riss im Volk zu schließen, und die Schließung des Risses ist die Voraussetzung der Genesung.

Alle Wirtschaftspolitik, jedes Wirtschaftsprogramm muss darauf eingestellt werden, ob es den Anforderungen wahrhaft gemeinwilligen Denkens entspricht. Nur die Wirtschaftsform ist berechtigt und erfolgreich, die einen geeigneten Boden für die Wiederherstellung des Vertrauens zwischen Arbeitgeber und Arbeitnehmer schafft. Wir müssen uns auch klar darüber werden, daß die Einzelwirtschaft nicht mehr geführt werden darf im freien Gewährenlassen der Anforderungen des Genusses, der Bequemlichkeit und der persönlichen Vorliebe. Dcrs Leben der Deutschen muss unter ganz andere Gesichtspunkte gestellt werden. Wir müssen uns in allen Lebensbedürfnissen, im Wohnen, im Essen, im Trinken, in der Kleidung, in dem Verbrauch von Genussmitteln, in unserm Gesellschaftsleben, im Reiseleben, in unsern Festlichkeiten und in der Kindererziehung auf das Maß zurückstellen, für das wir höchstens einen Vergleich in dem Leben der Generation vor hundert Jahren wiederfinden. All diese Vereinfachung, all diese Einschränkung ist zweifellos möglich, ohne daß das wahre Kulturleben Schaden leidet. Wir dürfen nicht für Kultur halten, was Auswuchs der Zivilisation war. Wir müssen danach trachten, daß der Geist zur Herrschaft kommt. Wir müssen uns zu der Größe der Auffassung hindurchringen, daß die Armut nicht nur nicht entehrt, sondern daß sie die Ehre des Deutschen wird. Wir müssen es verstehen lernen, was es heißt, wenn von der Schönheit der Armut gesprochen wird... Hier handelt es sich in der Tat darum, wer frei werden kann von der krassen Selbstsucht, die nur das eigene Interesse verfolgt, von dem Herrscherstandpunkt, der dem anderen nur seinen Willen aufzwingen, von der Lieblosigkeit, die immer nur das eigene Interesse durchsetzen will. Es handelt sich darum, ob ein gemeinwilliger Geist, ein christlicher Geist im deutschen Lande regiert oder ein Geist des Materialismus und der Eigenliebe. Wer das große Ziel erfasst, der muss sich zum friedlichen Kampfe stellen; hier gilt keine Entschuldigung. Die Parteien, welche mit solcher Parole in der politischen Arena erscheinen, werden den Platz behaupten. Sie werden sich zur Lösung der großen wirtschaftlichen und „sozialen Fragen" die Hand reichen können, ohne Rücksicht auf das, was sonst in ihren politischen Anschauungen trennend zwischen ihnen stehen kann. Opfer müssen gebracht werden, aber ohne Opfer ist der Sieg nicht möglich. Wenn aber der Opfergedanke im deutschen Volk zur Herrschaft gekommen sein wird, dann wird der neue Tag anbrechen. (Vgl. meinen Aufsatz in der „Furche", Februarheft 1921.)

Auch China wartet auf einen neuen Tag. Sun yat sen (vgl. das Kapitel „Die Deutschen in China") schreibt in seinem Buch: „ The Industrial development of China" auf S. 164 die folgenden Sätze:

„Class war is a struggle between labor and capital. The war is at present raging at ist full heght in all the highly developed industrial countries. Labor feels sure of ist final victory while capitalists are determined to resist to the bitter end. When will it end and what will be the decision- no one dares to predict...

Shall we follow the old path of western civilisation? This old path resembles to the sea route of Columbus first trip to America. He set out from Europe by a south-westerly direction...

But nowadays navigations take a different direction to America. He set out from Europe by a south-westerly direction... But nowadays navigations take a different diection to America and find the destination can be reached by a distance many time shorter... As a later comer, China can greatly profit in covering the space by following the direction already started by western pioneers. Thus we can foresee that the final goal of the westward-ho in the Atlantic is not India but the New World. So is the case in the economic ocean. The goal of material civilisation is not private profit but public profit.And the shortest route to it is not competition, but cooperation...

It is my idea, to make capitalism create socialism in China so that these two economic forces of human evolution will work side by side in future civilisation." „Der Krieg der Klassen ist ein Kampf zwischen Arbeit und Kapital. Gegenwärtig tobt der Kampf mit voller Gewalt in allen hochentwickelten Industrieländern. Die Arbeiter glauben sicher an ihren endgültigen Sieg, während die Kapitalisten entschlossen sind, bis zum äußersten Ende Widerstand zu leisten. Wann will der Kampf enden, wie wird sein Ausgang sein? Niemand wagt es zu entscheiden... Sollen wir dem alten Pfad der westlichen Zivilisation folgen? Der alte Pfad gleicht dem Kurs, den Kolumbus bei seiner Entdeckungsfahrt nach Amerika einschlug. Er steuerte von Europa in südwestlicher Richtung... Heutzutage fahren die Seeleute einen anderen Weg nach

Amerika und finden, daß das Ziel viel kürzer erreicht werden kann... Hieraus kann China als ein Nachzügler Nutzen ziehen. Es kann Umwege sparen, wenn es der Richtung folgt, die westliche Pioniere eingeschlagen haben. Wie wir sehen können, daß das Endziel des westlichen Kurses im Atlantischen Ozean nicht Indien sein kann, sondern Amerika, so ist im wirtschaftlichen Meer das Ziel materieller Zivilisation nicht der Privatnutzen, sondern der öffentliche Nutzen. Und die kürzeste Route ist nicht Wettbewerb, sondern gemeinsamer Betrieb ...

Mir schwebt vor, daß der Kapitalismus in China der Schöpfer des Sozialismus sein soll, und daß diese beiden wirtschaftlichen Faktoren menschlicher Entwicklung in der Zivilisation der Zukunft Schulter an Schulter wirken." Also auch dem chinesischen christlichen Wirtschaftsphilosophen schwebt vor, daß nicht der Kapitalismus der Alleinbeherrscher des Wirtschaftslebens sein darf, daß aber auch die Herrschaft des Proletariats ein Unglück für die Menschheit wäre. Auch in China sucht man die Versöhnung.

Achtes Kapitel

Alt- und Neu-Japan

Am Sonntag, den 2. April, waren wir in Shanghai an Land gegangen; am Sonnabend, den 6. Mai, nach fünfwöchigem Aufenthalt, gingen wir wieder von Shanghai in See, um nach Japan zu fahren. Fünf Wochen nur hatte der Aufenthalt in China gedauert. Die Last der Eindrücke und der Aufgaben, die aufgenommen und ausgeführt werden sollten, war aber ungeheuer. Die Gefahr der Überlastung und Verwirrung wäre groß gewesen, wenn wir nicht durch monatelange innere Rüstung gewappnet das Land betreten hätten, und wenn nicht durch die kluge und fürsorgliche Vorbereitung der Konferenz- und Reisepläne im Lande eine feine Ordnung geschaffen gewesen wäre, die jedem Tag seine Aufgabe zuwies, jeden vergeblichen Weg vermied und volle Ausnutzung der Zeit ermöglichte, ohne den Kräften allzuviel zuzumuten.

Es gibt dann ein köstlich erholsames Aufatmen, wenn man nach den Tagen der Anstrengung und der Unruhe des täglichen, ja stündlichen Wechsels der Menschen, die Ansprüche erheben, nach wochenlangem Redestehen und Diskutieren sich auf ein Schiff flüchten und in ihm bergen kann. Wenn dann die Taue am Bollwerk gelöst werden und die Schiffsmusik den geleitenden Freunden ein Lebewohl geblasen hat, wenn die letzten Tücher, die zum Abschied geschwenkt werden, unsichtbar geworden sind, dann ist für einige Tage wundervolle Freiheit und ungestörtes Genießen. Der amerikanische Dampfer „Golden State" war ein stolzes Schiff von 20000 Tonnen, dreimal so groß als „Münsterland". In den Räumen für die Passagiere I.Klasse herrschte eine verschwenderische Raumverteilung. Ein weites luftiges Treppenhaus, das drei Stockwerke miteinander verband, ließ völlig vergessen, daß man in den beschränkten Grenzen einer Schiffsgewandung sich befand. Wie in einem Landhotel konnte wan die bequemen, weit ausladenden Stufen auf- und absteigen, eine große Kabine mit anschließendem Badezimmer, bequemen Betten und Polstermöbeln entschädigte für manches enge und harte Lager auf Reisen in China. „Golden State" vermittelte den Verkehr zwischen dem amerikanischen Hafen Seattle und den Plätzen Jokohama, Kobe, Shanghai, Hongkong und Manila und war jetzt auf der Rückreise nach Amerika. Die Gesellschaft war vorwiegend amerikanisch, daneben meist Japaner. Mit uns beiden reiste nur noch ein Deutscher namens Waibel, ein Vertreter deutscher Farbwerke, der Badischen Anilinfabriken, der zur Wiederbelebung der Handelsbeziehungen die ostasiatischen Plätze besuchte. Auch zwei Mitglieder der Peking-Konferenz waren an Bord, darunter der Neger, der Professor King, von dem ich im zweiten Kapitel berichtet habe. Man hatte ihn und seinen Begleiter an einen besonderen Tisch im Esssalon gesetzt. Als ich den Obersteward fragte, ob ich die beiden Herren mit an unseren Tisch nehmen könnte, an dem nur wir und Herr Waibel saßen und zwei Plätze noch frei waren, war er hoch erstaunt, daß wir mit einem Neger am selben Tisch sitzen wollten, und gab kopfschüttelnd seine Zustimmung. Wir bemerkten dann am Benehmen einzelner Passagiere, daß sie die Freiheit unseres Verkehrs mit einem Mitglied des „coloured-people" nicht verstanden und die Nase rümpften. Wie hoch stand der feingebildete, liebenswürdige Neger über den meisten Fahrgästen, unter denen auch einige recht fragwürdige Persönlichkeiten gleichberechtigt verkehrten. Auf der Konferenz in Peking war das Rassenproblem vom christlichen Standpunkt eingehend und mit dem Streben gerechter und liebevoller Verständigung erörtert; hier zeigte sich die scharfe Abgrenzung zwischen den Rassen, die Unüberbrückbarkeit. Auf der Konferenz hatte ein anderer Neger im Gespräch geäußert, er habe, als er zuerst mit den Weißen in Berührung gekommen sei und den Abstand kennengelernt habe, Gott geflucht, daß er schwarze Menschen geschaffen und ihn unter ihnen habe geboren werden lassen. Er ist später zum inneren Frieden gekommen. Aber für Amerika bleibt die Rassenfrage ein ungelöstes Problem, uns in dieser scharfen und ungeheueren Zuspitzung fremd und fernliegend.

Das Wetter war sonnig und warm, ohne heiß zu sein. Die Fahrt ging durch die japanische Inlandsee mit ihren grünen Inseln, die in der Sonne leuchteten. Mit lebhafter Freude näherten wir uns dem Hafenplatz Kobe und damit dem Lande, in dem ich vor 35 Jahren und länger so glückliche Jugendzeiten verlebt hatte. Es war ja keineswegs sicher gewesen, ob mein Besuch den alten Freunden in Japan genehm sein würde. Selbst wenn ich mich bemühte, den privaten Charakter meiner Reise ganz streng aufrechtzuerhalten, zu vermeiden war es doch nicht, daß die Zeitungen von meiner Anwesenheit Notiz nahmen, und daß sie sich nicht entgehen lassen würden, den Besuch politisch auszuwerten. Die Japaner sind sehr gastfrei und besuchsfreudig. In ihrer isolierten Lage am Ende der Welt gehört der Fremdenverkehr nicht zu den Erscheinungen des täglichen Lebens. Der Krieg hatte sie in verstärktem Maße von Europa abgeschlossen. So werden Gäste, insbesondere solche, deren Namen in der Welt bekannt geworden sind, immer lebhaft begrüßt. Würde die Begrüßung freundlich sein?

Nicht günstig schien uns bei diesen Vorausbetrachtungen der Umstand, daß kurz zuvor die japanische öffentliche Meinung durch den Besuch des Prinzen von Wales in lebhaftester Weise für die englische Freundschaft erwärmt war. Bis China reisten wir vor dem englischen Königssohn her und waren in Singapore und Hongkong Zeugen der fieberhaften Anstrengungen für seinen Empfang. Überall reicher Flaggenschmuck, Straßenbeleuchtung, Willkommensgrüße, die mit elektrischen Scheinwerfern auf die Berge geheftet wurden, Fluten von Rellameschriften, Plakaten, Bildern des jungen Herrn, – in Singapore eine gewerbliche Ausstellung der indischen Gebiete in letzter hastiger Vollendungsarbeit, um von dem Gast eröffnet zu werden, zahlreiche englische Kriegsschiffe auf der Fahrt und in den Häfen, die Kasernen der englischen Truppen in Hongkong gesäubert und im Festgewand, – ja, England wollte der indischen, der ostasiatischen Welt zeigen, daß hier draußen seine Flagge herrschte, alles mußte dem Erben der britischen Königskrone huldigen.

Während wir in China weilten, zog das Festgeschwader von Hongkong nach Japan, und als wir japanischen Boden betraten, waren die englischen Festtage vorüber. Das Abbauen von Dekorationsanlagen, von Beleuchtungsvorrichtungen und Kulissen hat immer etwas Tragikomisches, die Vergänglichkeit des Eindrucks tritt vor Augen, und ich glaube nicht falsch zu urteilen, wenn ich sage, daß schon wenige Wochen nach dem Besuch die Begeisterung verflogen war. Das leichtlebige, genussfreudige Volk hatte sich an den Schaustellungen ergötzt und die glänzenden Durchzüge bestaunt, aber die ganze Sache schien schnell in Vergessenheit zu geraten.

Ich erhielt schon in China Briefe meiner japanischen Freunde, daß sie meinen Besuch freudigst begrüßten. Wenn auch keine öffentliche Ehrung möglich sei, so würden sie doch beweisen, daß sie ihren früheren Lehrer nicht vergessen hätten, sondern ihm Dankbarkeit und Treue bewahrten. Es ist ein sehr sympathischer Zug im japanischen Volkscharakter, daß sie Achtung und Dankbarkeit für ihre Lehrer haben. Meine Freunde waren die Mitglieder des „Doitsu Kiokai", des deutschen Vereins, der im Jahre 1885 mich als Lehrer der Rechts- und Staatswissenschaften nach Tokio berufen hatte. Die Mitglieder sind großenteils durch die „Doitsu Kiokai Gatko", die deutsche Schule, hindurchgegangen, die noch heute besteht. Zwar ist die Rechtsschule eingegangen, aber der Unterbau, die Höhere Schule, ist trotz der Ungunst der Zeit durchgehalten worden. Es hatte sich ein Ausschuß von 72 Mitgliedern gebildet, um ihren „Sensai", ihren Lehrer, und seine Frau zu begrüßen, ihnen Gastfreundschaft zu gewähren und ihnen Neu-Japan und die alten historischen Stätten zu zeigen. Dem nach China gesandten Begrüßungsschreiben waren Freikarten für die mandschurische und die japanische Staatsbahn beigelegt.

Die Hafenstadt Kobe hat sich völlig verändert. Aus einer mittleren Stadt mit wenigen europäischen Häusern an der Hafenstraße war eine gewaltige Industriestadt mit zahllosen Schornsteinen, großen Werft-

und Dockanlagen und einem weiten, europäisch gebauten Viertel geworden. Aber der Vertreter des Begrüßungsausschusses, Bankdirektor Kato aus Osaka, entführte uns bald mit dem Auto aus dem geschäftigen Gewimmel und geleitete uns ins „Tor-Hotel", das herausgehoben am Fuße der die Stadt umrahmenden Berge lag. Das Hotel ist das in seiner Eigenart schönste von allen denen, die wir auf der Reise kennengelernt haben. In Anlehnung an japanischen Baustil und in verständnisvoller Überleitung in europäische Formen, durch Verwertung des prachtvollen japanischen Holzmaterials und durch Ausschmückung der Räume mit ausgesuchten Kunst- und kunstgewerblichen Gegenständen hat der -deutsche Baumeister Vewundernswertes geschaffen. Der Garten lag im vollen Frühlingsschmuck, die Hänge von blühenden Azaleen aller Farben bedeckt. Die Bäume trugen ein Kleid weichen, vollen Nadelbehanges in einer Üppigkeit, wie sie nur das wunderbare Klima des mittleren Inselreiches hervorzaubern kann.

Hier oben, am Umkreis der Stadt, waren auch noch alte japanische Straßen, herrliche altmodische Gärten. Wovon ich so viel daheim erzählt hatte, das konnte ich nun meiner Frau zeigen, und die Erinnerung der Zeit vor fast 40 Jahren wurde wach. Durch eine schlichte hölzerne Wand ist solch ein altjapanisches Grundstück von der Straße getrennt, und durch den offenen Eingang gelangt man in einen kleinen Vorhof, mit grobkörnigem Kies bedeckt. Ein paar glatte Feldsteine, lose hintereinander gelegt, führen zu dem überdachten Podest hinauf, das den offenen Warteraum vor der Papierschiebetür bildet. Noch jetzt traf man Häuser, wo die elektrische Glocke unbekannt war und man laut in die Hände klatschte, bis ein langgezogenes „Hei-ei-ei" der Dienerin von innen antwortete. Auf den Knien hockend, öffnet sie die Schiebetür und fragt freundlich halblaut nach dem Begehr des Besuches. Und dann weiter wie in alter Zeit: Ablegen der Schuhe, gegenseitige Verbeugung im Knien, feierliche einleitende Anrede und Gegenrede, Teetrinken. Die neuzeitlichen reichen Japaner haben meist zwei Wohnungen, eine japanisch und eine europäisch eingerichtete; die letzteren meist überladen mit schweren Fenstervorhängen, dicken Teppichen, zu eng stehenden Möbeln, wahllos zusammengestellten und gehängten Kunstgegenständen und Bildern. Sie können es dann oft nicht verstehen, wenn man über die moderne Wohnung höflich stillschweigt und seine Bewunderung über die fast immer geschmackvolle, reizende japanische Behausung zum Ausdruck bringt. Sie fassen es dann als Höflichkeit auf. Das Fremde loben, das Eigene schmälern oder darüber schweigen, ist gebotene Höflichkeit.

Wir sahen in Kobe die schönste Besitzung japanischen Stils, die des Großindustriellen und Finanzmannes Baron Kawasaki, ein Glanzstück japanischer Garten- und Baukunst. Rhododendron war die Blume der Jahreszeit, und die Sträucher und Hecken standen in staunenswerter Pracht der Blüte. Es gibt kein Land in der Welt, das in allen Schichten der Bevölkerung die Blumen so liebt und pflegt wie Japan. Das Volk feiert seine Feste in der Hauptblütezeit der Chrysanthemen und der Kirsche, der Glyzine und der Iris. Die jungen Mädchen lernen in den Schulen die Blumen geschmackvoll ordnen und die Räume damit schmücken. Die Diener bereiten bei dem täglichen Decken des Tisches stets neue reizende Überraschungen durch wunderbar feine Anordnung der Tischblumen. Man ist wie bezaubert, wenn man in den großen Esssssaal des Myako-Hotels in Kioto eintritt, wo eingepflanzte hohe Blütenbäume den weiten Raum wie wunderbare Lichtquellen erleuchten und auf jedem der vielen Speisetische kleine künstlerisch vollendete naturwahre Blütenzusammenstellungen aufgebaut sind, die den weiten Raum in bunter Pracht beleben.

Kioto wird von Kobe in kurzer Bahnfahrt erreicht, aber der Szenenwechsel ist überraschend. Hier ist man wieder im alten Japan, und der ganze Zauber des japanischen Volkslebens in den Straßen, auf den Tempelplätzen, beim Einblick in die offenen Innenräume der Wohnungen, der Läden, der Teehäuser und Schaubuden ist mit einem Schlage wieder aufgerollt, und ich fühle mich nach 33 Jahren so vertraut, als hätte ich in voriger Woche das Land verlassen. Und wunderbar: japanische Worte kommen wieder, die dem Gedächtnis völlig entschwunden waren. Es ist, als wenn die japanische Anrede, der Tonfall, die eigenartigen Zwischenlaute der Höflichkeit, des Erstaunens, des warnenden Zurufs eine für Jahrzehnte verschlossene Abteilung des Gehirns öffneten, aus der nun mühelos die Worte für Gegengruß und Antwort herausschlüpften. In Kioto Waren's die Professoren der Kaiserlichen Universität, die die Gastfreundschaft übten. Sie hatten in sinniger Weise den Vesichtigungs- und Besuchsplan aufgestellt, und mittels rascher Autofahrten konnte man die meilenweite Stadt durchqueren und gegen Abend bei herrlichem Wetter ins ArashiUama-Tal hinausfahren und eine Bootsfahrt auf dem malerischen Fluß zwischen den hohen, waldigen Ufern, vorüber an den vielen mit bunten Lampions geschmückten Vergnügungsstätten, machen, aus denen Zither- und Gitarreklang zu uns herüberklang. Die neue Zeit spürte ich daran, daß manche Plätze, wenn auch nur gegen obrigkeitlichen Ausweis, zu sehen waren, die dem Fremden und dem gewöhnlichen Volk früher verschlossen waren. So konnten wir den Winter- und Sommerpalast des Kaisers betrachten bis in die verborgensten Gemächer hinein. Wir sahen das Wohn- und Schlafgemach des Kaisers, wie der Letzte der alten Zeit vor der Umwälzung des Jahres 1868 und seine Vorgänger es benutzten. Das war die Zeit, wo der Herrscher, Göttern ähnlich, in völliger Abgeschlossenheit, tiefster Stille und Geborgenheit sein Leben führte, ohne jede Verbindung mit der Außenwelt und seinem Volk. Durch weitgestreckte Höfe und Gärten, über lange Wandelgänge und durch Zwischengebäude nähert man sich, ganz allmählich selber unwillkürlich immer schweigsamer werdend, dem innersten Palast. Hier kann kein Außenlaut hineindringen, hier war tiefe, heimliche, unheimliche Stille. Die vielfachen Zwischenräume und Höfe, die Zwischengebäude und Gärten genügten nicht. Im Wohnraum selbst, in seiner Mitte, war ein umschlossener Sitzraum, wie eine große Sänfte, deren Schiebetüren und Vorhänge verschließbar waren. Das war der Sitz des Sohnes des Himmels; hier verbrachte er sein freud- und kraftloses Dasein, bis die neue Zeit an die verschlossenen Türen pochte und die Vorkämpfer modernen Lebens und westlicher Kultur ihren Kaiser zu sehen wünschten und ihn mit Gewalt auf einen Thron setzten, sichtbar und spürbar für das ganze Volk.

Auch die Fremden durften dann den Kaiser sehen, wurden ihm vorgestellt und waren seine Gäste. Der erste Kaiser der neuen Zeit musste durch sein Siegel staatliche Akte von einer Tragweite vollziehen, wie sie in der Regierungszeit eines Monarchen wohl kaum je wieder in der Welt zusammengefasst worden sind. Die Beseitigung des Feudalismus, die Schaffung eines Beamtentums, eines Heeres und einer Marine nach europäischem Muster, die Gründung von Universitäten und Fach-Hochschulen aller Art, der Erlaß einer Verfassung und die Eröffnung des ersten Parlaments, die Erschließung des Verkehrs zu Lande und zu Wasser, – das alles fiel in die Regierungszeit des ersten wirklichen Herrscher-Kaisers von Japan. Das Volk hatte das Glück, daß Staatsmänner von außerordentlicher Tatkraft und Wissen auf dem politisch jungfräulichen Boden erstanden, die den Kaiser umgaben und ihn auf die Höhe führten. So ist es verständlich, daß das Volk ihn nach seinem Tode mit ganz besonderer Heiligkeit und Glorie umgab. Der „Meiji Tenno", der „Himmelsfürst der erleuchteten Regierung" ist ein großer Nationalheiliger geworden, an dessen Grab das Volk unausgesetzt in Scharen zieht, um zu ihm und durch ihn zur Gottheit zu beten. Sein Grab liegt auf dem Momo-Iama, einem hohen Berg in der Nähe von Kioto. Bequeme Straßen führen zur Höhe hinauf, um den Scharen von Pilgern geordneten Zugang zu gewähren. Eine riesige breite granitene Treppe aus Hunderten von Stufen leitet direkt zum Hochplateau, auf dem wohl Hunderttausende Platz haben. Ein äußeres weißes Geländer sperrt einen weiten inneren Vorraum ab, den nur Leute von Rang betreten dürfen. Hinter dem Geländer stehen und knien die Andächtigen täglich zu vielen Tausenden. Abgesandte ferner Provinzen, Schulen, Vereine, militärische Trupps, Familien mit den greisen Groß- und Urgroßeltern bis hinab zu den Säuglingen, alle wollen das Grab sehen, wollen beten. Das Grab selbst ist ein riesiger Steinhügel, gleichmäßig und symmetrisch sanft abfallend, als wäre ein ungeheures Leichentuch über den Riesensarg gebreitet.

Noch tiefer in altjapanisches Leben hinein führt dann der Besuch von Nara. In waldige Berge hineingelagert ist die uralte Tempelstadt mit ihren Klosterräumen, Glockentürmen, Pagoden, den vom Alter grün gewordenen hohen Steinlaternen, die zu Hunderten die schattigen Tempelwege einfassen. Auf den weiten Rasenflächen zahme Hirsche in großer Zahl. Brot wird für sie in Holzbuden verkauft, und wenn die Tiere beobachtet haben, daß man Futter für sie eingehandelt hat, kommen sie zutraulich herbei, fressen aus der Hand, laufen neben uns her und ermuntern durch sanftes Anstoßen mit dem Kopf zu weiterer Abgabe. In einem offenen Tempelhaus lässt ein junger Mann von zwei bis zur Unkenntlichkeit geschminkten Tempelmädchen einen religiösen Tanz für sich aufführen. Zum Schluß wird ihm von einem Tempeldiener Reiswein gereicht, den er feierlich austrinkt. An einer anderen Stelle geht's lustig her. Die riesige Glocke im freistehenden offenen Turm kann durch einen schweren schwebenden Balken, den man rückwärts ziehen muss, um ihn dann mit Wucht gegen die Glocke fallen zu lassen, zum Tönen gebracht werden. Der Spaß kostet 10 Sen und gibt viel Anlass zur Heiterkeit. Ein schwächerer Mensch kann den Balken kaum so weit zurückziehen, daß er beim Zurückgleiten nur ein leises Brummen der Glocke hervorruft, während der kräftige Jüngling weit ausholen und einen gewaltigen Ton hervorrufen kann, der fern durch den Tempelwald schallt.

Keine Axt wird an die Wurzel der gigantischen Stämme der Kryptomerien gelegt. Aber die ältesten Riesen sind längst überständig, und der letzte Taifun, der auf seinem Wege vom Süden her unser Schiff im Chinesischen Meer gepackt hatte, ist auch über Nara dahingebraust, und vier der uralten Zeugen vergangener Jahrhunderte lagen entwurzelt am Boden. Unsere Freunde drängten aber vom alten Japan fort, sie wollten uns das neue, das Japan des 20. Jahrhunderts zeigen. In einem Extrawagen der elektrischen Bahn ging es in einer Stunde schneller Fahrt nach Osaka. Die Stadt war schon zu der Zeit meines ersten ostasiatischen Aufenthaltes eine Arbeits- und Arbeiterstadt. Inzwischen ist sie Industrieplatz größter Ordnung geworden. Wir wurden auf das alte befestigte Schloß geführt, von dessen oberster Wehr man einen Umblick auf die Millionenstadt mit ihren Schornsteinen, Fabrikgebäuden, feuerfesten Lagerhäusern, den rollenden Straßenbahnen und zahllosen Autos hat. Der Gegensatz ist dann sehr befremdlich. Wir standen auf einer Jahrhunderte alten Bastion, aus Quadern von einer Größe gefügt, daß die Bauklötze der Pyramide von Giseh klein dagegen erscheinen; und im näheren Umkreis lagen die Festungsmauern mit längst veralteten Verteidigungseinrichtungen, die nur noch historischen Wert haben. Da draußen aber war die moderne Großstadt, das Hämmern der Eisenwerke, das Sausen der Räder, das Schrillen der Pfeifen und Heulen der Sirenen. Auch in Japan reißt unbarmherziger Wettkampf die Menschen aus der friedlichen Einzelwirtschaft in das ruhelose Getriebe der Maschine und der Massenarbeit. Wohl musste der Bauer schwer arbeiten, um auf der bei der Begrenztheit des Kulturlandes für den Einzelnen nur kleinen Fläche durch intensive Wirtschaft und zwei- bis dreimalige Ernten im Jahr sein Auskommen zu haben und die hohen Grundsteuern zahlen zu können; wohl waren die Zimmerleute und Tischler, die Töpfer und die Strohflechter gezwungen, fleißig zu arbeiten und sich dranzuhalten; aber über dem Leben der werktätigen Bevölkerung lag noch nichts von der fieberhaften Hast und der grausamen Einzwängung in das Tempo des Wirtschaftskampfes, das dem Einzelnen die Zeit zum Atemholen und Verschnaufen, zum Essen und zur Aussprache vorschreibt, um rücksichtslos den auszuschalten, der nicht mit kann. Es gibt viele in Japan, die der guten alten Zeit nachtrauern. Namentlich könnte jemand wie ich, der in die Lage kam, nach 35 Jahren den Vergleich zwischen einst und jetzt zu ziehen und die vielfach überraschend unerfreulichen Wandlungen in der Neuzeit festzustellen, der Gefahr erliegen, die Entwicklung zu bedauern und zu verdammen. Das wäre töricht. Die Entwicklung ist keine willkürliche gewesen, sie war die Folge elementaren Zwanges. Japan wurde allmählich stark übervölkert. Solange es ohne Verkehr mit dem Ausland war, keine Verbindungsstraßen für Massentransporte zwischen den einzelnen Landesteilen besaß, gab es Perioden der Hungersnot mit ihren scharfen Folgen. Das Land musste in Austausch treten, um die Ernährung seiner Einwohner zu sichern, um vom Ausland zu lernen, wie den Forderungen der wachsenden Einwohnerzahl durch Vermehrung und Verbesserung der Gütererzeugung gerecht zu werden sei. Die Öffnung des Landes war ein Schritt von unabsehbarer Tragweite. Trotz des anfänglichen Versuchs der Eindämmung der fremden Flutwelle durch enge Abgrenzung der geöffneten Gebiete und Beschränkung des Handels und der Schiffahrt auf wenige Vertragshäfen trat das Land in den internationalen Wirtschaftskampf ein und muss ihn nun durchfechten auf Tod und Leben. Auch in Japan vollzog sich die Umwandlung des Agrarstaates in einen gemischt industriellen nach rein kapitalistischem System. In Anknüpfung an das rein patriarchalische und feudalistische Verhältnis zwischen Herren und Untertanen als Arbeitgeber und Arbeitnehmer, das noch in der lebendigen Erinnerung des eigenen Erlebens im Volke stand, wäre ein besonders empfänglicher Boden für die Schaffung von rein wirtschaftlicher Zusammengehörigkeit an Stelle der alten Lehnsverbundenheit gewesen, Verständnis für die Produktivität der Gemeinwirtschaft, für das Genossenschaftssystem. Statt dessen kam die Masse der Arbeiter, die, durch hohe Löhne verlockt, sich der Industrie zuwandten, ohne inneren organischen Zusammenhang in den Strudel der Wirtschafts- und Lohnkämpfe. Aus den Klassenunterschieden der alten Zeit, die durch ein starkes Verantwortlichkeitsgefühl der Herren für das Wohl der Untertanen gemildert waren, wurden schroffe Klassengegensätze. Auch auf diesem Gebiete hat das japanische Volk eine wunderbar rasche Anpassungsfähigkeit gezeigt.

Das freie Spiel der Kräfte, die intensive Tätigkeit des Kapitals, brachte die Japaner in scharfen Wettbewerb mit den westlichen Staaten und mit Amerika. Auf dem Gebiet der Feinindustrie und der Kunstgewerbe, wo ihr bewundernswerter Geschmack, ihre manuelle Geschicklichkeit, ihre unnachahmlichen Rohstoffe weiten Vorsprung gewährten, der bis zum internationalen Ausgleich der Löhne noch durch die große Bedürfnislosigkeit und deshalb Lohngenügsamkeit des Volkes erweitert wurde, wurden die Bewohner des fernen Inselreiches dte unbequemsten Wettbewerber auf dem europäischen Markt. In Amerika wurde die Einwanderung der geschickten, fleißigen, zielbewußten Japaner als eine Beunruhigung des Wirtschaftslebens empfunden, in China und Korea und im östlichen Rußland waren sie gefürchtete Friedensstörer und Gegner. Die Isoliertheit zwang zum Anschluß an England, und im Kielwasser dieses Seereichs wurden sie in den Weltkrieg hineingezogen. Japan ist in den Bund derer geraten, die äußerlich den Krieg gewonnen haben. Es hat unter dem Kriege nicht gelitten. Sein Kampf gegen Tstngtau war das gefahrlose Einheimsen des leichten Sieges einer Übermacht mit unerschöpflichen, nach allen Seiten hin unbehinderten Kräften über einen auf kleinem Fleck der Erde eingekreisten Gegner. Das Land konnte im übrigen während der langen Kriegsjahre seine produktiven Kräfte vervielfältigt ausnutzen, es konnte Industrien aus der Erde stampfen, konnte Kriegsmaterial produzieren und das weite Absatzgebiet um den Großen Ozean, die Gebiete um das Chinesische Meer bis hinein nach Indien, deren Belieferung aus Europa unterbrochen war, konkurrenzlos für sich nutzen und unerhört viel Geld verdienen. Aber jetzt, wo diese Ausnahmestellung gekündigt ist, wo alle Länder wieder auf dem Welthandelsplan erscheinen, wo Völkerverträge durch Abrüstungsbeschlüsse in die Produktion für Heeres- und Marinematerial eingreifen, steigen düstere Wolken der Sorge auf.

In der konkurrenzlosen Zeit war die Qualität der japanischen Waren heruntergegangen. Es wurde viel Schund produziert, den die Abnehmer alsbald ablehnen, wenn von anderer Seite Besseres geboten wird. Die gewaltige Industrie zur Herstellung von Heeres- und Marinegut musste auf Friedensgüter umgestellt werden, wie wir in Deutschland gleicherweise tun. Aber die Voraussetzung ist ausreichender Absatz, und der fehlt. Die Arbeiter sind an Löhne gewöhnt worden, die die Rentabilität der Betriebe in Kriegszeiten vertrug, die aber bei Wiedereinstellung des Grundsatzes von der Preisbildung durch Angebot und Nachfrage nicht mehr herausgewirtschaftet werden können. Eine Herabsetzung der Löhne wollen sich aber auch die japanischen Arbeiter ohne heftige Gegenwehr nicht gefallen lassen. Der Boden ist heiß geworden, es droht Arbeitslosigkeit. Die Verringerung des Einkommens würde bei den übermäßig gestiegenen Lebenslosten Unterernährung und Verelendung zur Folge haben. Japan ist ein teures Land geworden. Tokio ist so teuer wie Newyork. Es handelt sich hier, da der japanische Jen im Verhältnis zum englischen Pfund und amerikanischen Dollar ziemlich gleichgeblieben ist, um wirkliche Teuerung nach Weltmarktpreisen, nicht wie in Deutschland um Papierentwertung. Als ich vor 35 Jahren in Tokio war, betrug mein Einkommen 400 Jen im Monat, nach damaligem Kurse etwa 1000 Mark. Davon konnte ich etwa 150 Jen sparen und hatte doch ein eigenes Haus, einen Diener, Reitknecht und Pferd. Der Diener erhielt 8 Jen Monatsgeld (20 Mark), ein verheirateter Koch etwa 30 Mark. Ebenso hoch war etwa der Pensionspreis, den meine Studenten bei voller Verpflegung zu zahlen hatten. Für 15-30 Jen zog ein Mietskuli den Fahrgast mit seiner Linrikscha durch halb Tokio. Dafür war er allerdings bis auf einen Lendenschurz unbekleidet, und gegen Regen und Schnee schützte er sich durch einen Strohumhang. Jetzt forderten sie für die gleiche Strecke das Fünfzehnfache; ihr Arbeitstempo ist dabei ein sehr viel mäßigeres geworden, sie waren auch in der Sommerzeit meines Besuches geschmackvoll in Blau und Weiß gekleidet. In ähnlichem Steigerungsverhältnis warenjetzt alle Kosten der Lebenshaltung. Meine japanischen Freunde sahen sorgenvoll in die Zukunft. Eine unnatürlich vermehrte Industrie, geringe Möglichkeit der Umstellung überflüssig gewordener Betriebe, künstliche Hochschraubung der Lebenshaltung, eine unzufriedene Arbeiterbevölkerung, staatliche Steuer- und Finanzverhältnisse, die durch Kriegswirtschaft gesunde Maße verloren haben, das sind die Folgen des gewonnenen Krieges! Ich glaube nicht, daß Japan ohne schwere innere Erschütterungen die Krisis überstehen wird, vor der es zweifellos steht. Auch hier wird es sich in letzter Linie darum handeln, ob es gelingt, den inneren Frieden herzustellen. Aber während in China die gewaltige Ausdehnung des Landes und die Unkultur der breiten Masse, die Zerrissenheit des Volkes und die Sonderbestrebungen militärischer Machthaber die Möglichkeit geordneten Volks- und Wirtschaftslebens erst in weitere Ferne rückt und vorbereitende Reformarbeit von unten herauf geschehen muß, sind in Japan die Bedingungen gegeben: Ein geschlossenes nationales Bewusstsein mit weitgehendem Verständnis für die Notwendigkeit einer starken Staatsgewalt, ein hoher allgemeiner Bildungs- und Kulturgrad, der auck weitere Volksschichten befähigt, am Schicksal des Landes in Gesetzgebung und Verwaltung verständnisvoll mitzuarbeiten, gute Kenntnis auf dem Gebiet des Wirtschaftslebens und eine durch Gefühlsmomente nicht belastete kluge und kühle Auffassung der leitenden Kreise über die Stellung des Landes im Völkerleben. Aber das in letzter Linie Entscheidende muss auf diesem Boden noch erwachsen: der soziale Gedanke, der in jedem die Persönlichkeit anerkennt, der jedem, der sich wirtschaftlich betätigen kann und will, den Platz an der Sonne einräumt, der das Wohl der Gemeinschaft über das eigene zu stellen bereit ist und unter dieser Fahne den Lebenskampf aufnimmt. Auch im japanischen Wirtschaftsleben muss die Idee mächtig werden, die in den christlichen Ländern die treibende Kraft aller sozialen Fortschritte ist: Säet Gerechtigkeit und erntet Liebe. Wahrhaft sozial denken kann nur ein in diesem Sinne beeinflusster Mensch. Und nur da, wo solche Männer entscheidende Bedeutung im Volke haben, wo sie das „Salz der Erde" in dem durch Selbstsucht angefaulten Gemeinwesen sind, kann eine friedliche Lösung der sozialen Frage erhofft werden. Die Eisenbahn Kioto–Tokio führte uns nach der Hauptstadt, in ihrem letzten Teil der Meeresküste folgend und am Fuße des Fusiyama vorbei, der, bei durchsichtigem Nebel erkennbar, seine volle Majestät nur ahnen ließ. Auch diese Eisenbahn ist erst nach meiner ersten japanischen Zeit erbaut worden. Damals liefen die Züge nur auf der kurzen Strecke vom Hafen Uokohama nach der Landeshauptstadt. Niedrige hölzerne Bahnhöfe dienten dem Personenverkehr. Die 6 oder 7 Ortschaften zwischen den beiden Endpunkten der Bahn waren noch voneinander durch Reisfelder, Teeplantagen, Gebüsche getrennt. Jetzt fuhr man durch ein ununterbrochenes Häusergewirr, und ein großer moderner Bahnhofsbau nahm den Zug auf. Der Platz vor dem Bahnhof war die erste große Überraschung. An Stelle der niedrigen, höchstens zweistöckigen Häuser, die man damals der ständigen Erdbebengefahr wegen baute, schloffen Wolkenkratzer den Vorplatz ein. Die jetzige Technik der Eisenbetonbauweise hat angeblich die Gefahren der Erderschütterungen überwunden. Es zeigte sich aber gerade in der Zeit unseres Besuches, daß die Sicherheit doch nur eine sehr bedingte war. Es rüttelten im Frühjahr 1922 nicht unerhebliche Erdbeben den Untergrund. Eins war so stark, daß z. B. ein mächtiger Kachelofen in der Deutschen Botschaft, der auf schweren, metallenen Füßen stand, erheblich von seinem Platz in den Saal hineingerückt wurde. In dem neuesten Geschäftshause am Bahnhof mit etwa 14 Stockwerken sahen wir starke äußere Risse, und es wurde erzählt, daß eine Reihe von Anmietungen von Bureauräumen nach diesem Stoß rückgängig gemacht worden seien'1. Mehrere meiner früheren Studenten, nunmehr auch schon ergraute Leute, waren uns einige Stationen entgegengereist, und auf dem Bahnhof in Tokio begrüßte uns eine stattliche Zahl von Deutschlandfreunden. Eine Abordnung von etwa 40 Schülern der deutschen Schule war in ihrer Schuluniform wie eine Ehrenkompagnie auf dem Bahnhof aufgepflanzt. Da es Abend geworden war, mußten ir eine Anzahl von Blitzbeleuchtungen und in deren Licht photographische Aufnahmen über uns ergehen lassen, die uns dann am nächsten Morgen in den Tageszeitungen durch meist fürchterliche Entstellungen unserer Züge und Haltung erschreckten. Aber alles war gut und herzlich gemeint. Auf dem Gelände der Deutschen Botschaft, im Hause des Botschaftsrats Nenner, fanden wir gastliche Aufnahme. Die Riesenstadt Tokio war in ihrem Hauptteil und

---

[1] Während der Drucklegung dieses Buches kamen die Nachrichten von der furchtbaren Erdbebenkatastrophe von Anfang September 1923: Die reichsten und bevölkertsten Städte Tokio und Jokohama ganz oder zum großen Teil Zerstört. Erdbeben, Taifun, Feuer und Springflut waren die vier apo¬kalyptischen Neiter der Zerstörung, über hunderttausend Tote allem in Tokio. Die Deutsche Votschaft stark beschädigt, aber nicht Zerbrochen. Und wunderbarerweise keiner der deutschfreundlichen Japaner ums Leben gekommen

belebtesten Vierteln so verändert, daß man vergeblich die Erinnerung an alte Zeiten anstrengte, um den Zusammenhang herzustellen. In der viele Kilometer langen Hauptstraße, der Ginsa, herrschte die europäische Bauweise vor. Große Warenhäuser, das größte und modernste Mitsukoshi, von einem tadellos deutsch sprechenden Direktor geleitet, haben viele der kleinen malerischen Läden verdrängt, in denen es so reizvoll war zu kaufen. Man setzte sich damals in der Einbuchtung des völlig offenen Ladens auf den Fußboden, umgeben von der Familie des Inhabers, und in behaglichem, lustigem Gespräche ohne jede Eile handelte man um die nötigen und oft so unnötigen, aber so ungemein lockenden Dinge, die dann zum Schluß als originell verpackte kleine Schätze überreicht wurden, und verließ, von der lebhaft sich verbeugenden Einwohnerschaft des Ladens höflichst verabschiedet, den Schauplatz. Jetzt saust man mit dem Fahrstuhl durch die Stockwerke oder gleitet auf der schrägen, unaufhörlich aufwärts rollenden Rutschbahn in die verschiedenen Höhen. Und wenn die niedlichen Verkäuferinnen auch noch japanisch angezogen sind, so haben sie doch schon einen Anstrich der Gleichgültigkeit ihrer Kolleginnen bei Wertheim oder Tietz. Der Kaufzettel wandert unpersönlich von Kaufstelle zu Kaufstelle und bis zur Kasse. Früher war Handeln und Kaufen ein anregendes Vergnügen mit jedesmaliger Bereicherung der Kenntnisse der Sprache, der Volkssitte und des Wirtschaftslebens. Man kam erfrischt und befriedigt heim auch dann, wenn man hinterher einsah, daß der schlaue Händler seinen Vorteil etwas einseitig wahrgenommen hatte. Jetzt war's eine Anstrengung, und man kehrte angegriffen und in der Brieftasche arg geschwächt in sein Quartier zurück. In alter Zeit war es nicht leicht, Kunstschätze besonderer Auswahl und in größerer Zahl zu Gesicht zu bekommen. Das Beste war im Besitz des Kaisers und seiner Familienangehörigen und in den Häusern der alten vornehmen Geschlechter. Der Zutritt war erschwert. Aber wenn ein Gönner der Kunst einmal sein Haus öffnete, dann ließ er nach der Mahlzeit, während man im Kreise auf den weichen Matten bei zurückgezogenen Türen mit freiem Blick auf den herrlichen Garten oft bis weit hinaus auf den Fusiyama sah, aus seinem Wundervorrat hervorholen. Bald wurden Bilder feierlich entrollt und an die Wand gehängt, langsam und voll Ehrfurcht vor der Kunst und ihrem Meister. Silber- und Bronzestücke wurden den feinen Holzkästen und der seidenen Umhüllung entnommen, auf kleine Postamente gesetzt und vor die Gäste auf die Tischchen gestellt. Lackarbeiten mit feinster Miniaturtechnik lüften Elfenbeinfiguren, alte prachtvolle Schwerter, reich dekorierte Porzellane ab. Alles konnte man in Muße beschauen, die Geschichte und die Technik erkunden und ungetrübten Genuss des Aufnehmens haben. Jetzt gab es große Museen mit endlosen Sälen, mit Glasschränken, in denen die Kunstgegenstände ganz unpersönlich numeriert und klassifiziert dem Beschauer in Paradeaufstellung vorgeführt wurden. Ich muß bekennen, mir macht's dann nicht viel aus, ob ich die Sachen im Uyeno-Park in Tokio sehe oder im Berliner Kunstgewerbemuseum. Alle Massendarbietungen der Kunst und des Gewerbes erdrücken und ermüden mich.

Vielleicht hatte in Japan die Ermüdung ihren besondern Grund. Nach einer Besichtigungsfahrt fühlte ich mich sehr angegriffen, heftiges Fieber trat ein, und der Arzt stellte eine schwere Bronchitis fest. Man fürchtete für mein Leben. Der häufige Wechsel des Klimas und die voraufgegangene aufregende, schwere Arbeit in China haben wohl zur Verschlimmerung beigetragen. Wir waren dankbar, daß wir in einem deutschen Hause Aufnahme gefunden hatten. Der Botschaftsrat Renner und seine Diener und Dienerinnen waren in freundlichster Rücksichtnahme bemüht, alles zur Pflege Nötige zu leisten und herbeizuschaffen. Die japanischen Freunde waren unermüdlich in Teilnahmebezeigungen und Erkundigungen. Fast zu allen Stunden des Tages waren mehrere im Hause und hielten die Verbindung mit der Außenwelt aufrecht. Als Arzt bemühte sich der Leibarzt des Kaisers, Professor Irisawa, und sein Assistent Dr. Iamanaga um mich, die beide in Deutschland studiert hatten und gut deutsch sprachen. Eine geschickte, lautlos sich bewegende japanische Krankenwärterin teilte sich mit meiner Frau in die Pflege. Bald war ich so weit, daß ich die Freunde am Bett empfangen konnte, und in behaglicher Aussprache ließen wir die vergangenen Zeiten an unserm Auge vorüberziehen und debattierten über die Gegenwart und die Aussichten der Zukunft. Durch diese ungestörten vertraulichen Zwiegespräche im Krankenzimmer mit klugen, gut unterrichteten und weitschauenden Männern habe ich ein besseres und tieferes Urteil über Japan mit heimgebracht, als mir bei Rundfahrten, Gastmählern und durch Vorträge und Besichtigungen möglich gewesen wäre.

Die ursprünglich bestellten Plätze auf dem Dampfer nach Amerika mussten wir meiner Krankheit wegen zurückgeben. Bei dem überaus starken Verkehr zwischen Jokohama und San Franzisko war es nur durch die tatkräftigen Bemühungen und Fürsprache der Japaner möglich, uns auf dem Dampfer „Shinyo Maru" („Frühlingssonne") der „Toyo Kisen Kaisha" (Ostliche Dampfschiffgesellschaft) die Überfahrt zu ermöglichen. Man teilte einen Hilfssalon in zwei Gemächer und räumte uns das eine ein. Und so machten wir uns am 10. Juni 1922, mittags 12 Uhr, in Uokohama auf die Heimreise. Wir nahmen in dem Dampfer ein eigenartiges Stück modernen japanischen Volks- und Nerkehrslebens mit auf die Reise. „Shinyo Maru" war ein großes, elegantes Schiff von 22 000 Tonnen und einer Fahrgeschwindigkeit von 21 Seemeilen in der Stunde. An Bord waren 845 Passagiere, davon 193 in der ersten Klasse. Der vierte Teil der Fahrgäste, sowie der Kapitän und sämtliche Offiziere außer dem „Travelling purser" waren Japaner. Die gesellschaftlichen Einrichtungen, die Ordnung und Beschickung der Mahlzeiten, die Schiffsmusik waren nach amerikanischem Muster. Die siebzehntägige Fahrt nach San Franzisko verlief für die Fahrgäste erster Klasse nach einem vom Travelling purser sorgfältig vorbereiteten Programm ununterbrochener Feste und Vergnüglichkeiten, so daß für Menschen mit ernsthafter Lebensauffassung und mit Arbeitsaufgaben kaum ruhige Plätzchen zu finden waren, wohin sie sich zurückziehen konnten. Unser Wohnraum im Hilfssalon erschien uns wie eine Rettungsinsel in all dem Trubel. Unter einem „General-Comitee" mit dem Kapitän an der Spitze standen fünf andere Komitees: für „Sport", für „entertainment", für „Kinder", das „Finanz- und PreisKomitee" und die „Richter", die alle mit Ernst ihres Amtes walteten, als handele es sich um weltwichtige Dinge. Ein gedrucktes, mit bunten Bildern geschmücktes „Diary of events" (Tagebuch der Ereignisse) unterrichtete über die täglichen Veranstaltungen. Der Tag fing um 9 Uhr 30 Min. mit shuffle board, Deck-Golf, Deck-Tennis an. Nachmittags folgten um 3 Uhr allerhand Wettspiele, oft kindlichster Art, an denen sich aber auch Damen gesetzteren Alters mit Lebhaftigkeit beteiligten. Um 4 Uhr Schwimmen im Bassin auf Deck, um 8 Uhr „Movies", Kinovorstellungen, die uns Gelegenheit gaben, zum ersten Male im Leben schaurig-sensationelle Detektiv- und Eheirrungsromane auf der Kinobühne zu sehen und unsern bis dahin unbewussten Widerwillen gegen diese Art Kunst tief innerlich zu begründen. Oder es gab japanische Ringkämpfe und zum Schluß Tanz und immer wieder Tanz, und für die Nichttanzlustigen: Bridge, das jetzt internationale beliebteste Kartenspiel. Allabendlich erschienen die Damen in „großer Toilette" in stets wechselnder Pracht. Ein wichtiger Raum für sie war da der „Rejuvenating- Saloon", die Verjüngungsstätte; dort wurde geschminkt und frisiert und alle Geheimkünste der Behandlung angewandt. Bei Lampenlicht sahen Erscheinungen, die im Licht der Sonne grau und runzelich ausschauten, rosig und glatt aus, und die Augen flimmerten im unnatürlichen Glanz.

Auch besondere Festtage gab es an Bord, so den „Meridian-Day", wenn das Schiff den 180. Längengrad passierte. Hatte ich im Jahre 1885 auf der Westfahrt über den 180. Grad einen Tag meines Lebens eingebüßt und nach dem Donnerstag, den 1. Oktober, gleich Sonnabend, den 3. Oktober, schreiben müssen, so konnte ich jetzt auf der Fahrt nach Osten den Donnerstag, den 15. Juni, zweimal erleben. Der unverhoffte Zeitgewinn gab den vergnügungslustigen Fahrgästen Veranlassung, ein besonderes Fest mit einem „Fancy dress dinner dance" zu feiern. Am letzten Sonntag der Fahrt war Preisverteilung und ein besonders feierliches „Captains dinner", bei dem der japanische Kommandant ein Hoch auf seine Gäste ausbrachte und der angesehenste

Gast die Erwiderung sprach. Als angesehenster Gast wurde der deutsche Botschafter Solf in Tokio, der mit an Bord war, um nach der Heimat auf Urlaub zu gehen, ausgewählt. Bei der Wichtigkeit, die namentlich die Amerikaner auf die Erfüllung solcher Förmlichkeiten legen, kann die einstimmige Wahl des deutschen Botschafters zum Sprecher für die Gesamtheit der Fahrgäste als ein nicht unbedeutsames Zeichen der Stellung der Deutschen im fernsten Osten angesprochen werden. „Shinyo Maru" legte bei herrlichem Wetter die Fahrt über den Großen Ozean zurück. Am 19. Juni liefen wir Honolulu an und blieben 24 Stunden an Land – ein entzückender Platz, in leuchtende Farben getaucht –. Es war die Zeit der AnanasReife. Zahlreiche Lastautos fuhren die in großen Körben verpackten Früchte aus dem Innern des Landes nach der Hafenstadt. Man aß die köstliche Frucht auf dem Schiff in Mengen, soviel man wollte. Am Morgen des 26. Juni 1922 erschien die Westküste von Amerika, und um 8 Uhr legten wir uns am Bollwerk von San Franzisko fest.

Neuntes Kapitel
Amerika

Das Betreten des amerikanischen Bodens löste eigenartige Empfindungen aus. Das junge Riesenland, der übermächtige Wettbewerber gegen das alternde Europa, das neue Heimatland von 25 Millionen Deutschen und doch unser gefährlichster Feind im Weltkriege, dessen Eintritt in den Feindbund unsere Niederlage herbeiführte, das Land der Hoffnung für diejenigen, die von dem Eingreifen fremder Mächte eine Befreiung Deutschlands von dem unerträglichen Joch des Vertrages von Versailles und das Aufsteigen wirklichen Völkerfriedens erhoffen, das Ideal der Demokratie, der Tummelplatz des Kampfes zwischen den Temperenzlern und den Freunden und Sklaven von Wein, Bier und Whisky, das Land der Freiheit für kirchliches und Universitätsleben, die Herrschaftszentrale des Dollars für die Welt! Als ich vor 37 Jahren bei meiner Ausreise nach Japan in San Franzisko war, haftete der Stadt noch ein Nest von Abenteuerlichem, von Wildwest an. Die von aller Welt zusammengeströmten Goldsucher und Erwerbsgierigen waren sicherlich nicht sonderlich geeignet, ein friedliches gemeinnütziges Staats-und Kommunalgebilde zu schaffen. Starke innere Erschütterungen des Gemeinschaftslebens und fürchterliche elementare Ereignisse, Erdbeben und Feuersbrünste, schufen aber die Überzeugung von der Notwendigkeit der Unterordnung des Einzellebens unter die Gesamtheit. Aus eigenem Drang und Können heraus, ohne das in den alten europäischen Kulturstaaten notwendige Zwischenstadium des Absolutismus großer Herrscher schufen sie sich freiheitliche Ordnung und mustergültig erscheinende Gemeinverhältnisse.

Die Besiedlung hat sich um die weite Bai von San Franzisko erstreckt. Das zum Wasserspiegel malerisch herabfallende Hügelland ist mit Wohn- und Industriestätten und öffentlichen Gebäuden dicht besetzt. Zwischen den Stadtteilen, die um die Bai herumliegen, verkehren in kurzen Zwischenräumen riesige Fähren, so daß das Wasser nicht als Trennung, sondern als bequemster und billigster Verbindungsweg erscheint. In den Vororten herrscht der Typ der Einzelhäuser im Garten, wobei uns auffiel, daß die Häuser weder untereinander noch nach der Straße hin durch Zäune oder Mauern abgeschlossen waren. Die glatten Rasenteppiche der Gärten liefen bis an die Trottoire ber Straßen. Der Bürgersinn schien ausreichenden Schutz für das Eigentum zu gewähren. Mit Beschämung dachten wir an unsere Zäune mit Stacheldraht, an die widerlichen Schutzinschriften: „Achtung, bissige Hunde!" – „Achtung, Selbstschüsse!" Aber zunächst ließen sich die Schönheiten und Sehenswürdigkeiten von San Franzisko nicht ungestört genießen. Leider war die Nachricht meiner Ankunft durch den drahtlosen Schiffstelegraphen vorausgeeilt. Kaum hatte das Schiff am Bollwerk festgemacht, als auch schon fünf Berichterstatter und ebenso viele Photographen an Bord erschienen; das Ausfragen und das Knipsen ging los. Die Reporter brachten die Nachricht von der Ermordung des Ministers Rathenau, von der erneuten furchtbaren Verwirrung der deutschen Verhältnisse, vom Sturz der Mark. Der Dollarstand 500 schien uns damals ungeheuerlich, nicht zu überbieten. Nun sollte man, von Ostasien, aus weitester Ferne kommend, seine Ansicht sagen: „Wird die Reaktion die Herrschaft ergreifen?" – „Wird die Monarchie wiederkehren?" – „Wird dann eine neue Revolution kommen?" – „Wie ist es überhaupt denkbar, daß eine Entspannung eintritt?" usw. Diese Fragen bedeuteten natürlich in erster Linie Interesse an den ungewöhnlichen Ereignissen, hinter ihnen stand aber auch die Erwägung der Spekulation. Jede einigermaßen wichtig und kompetent erscheinende Ansicht über weitere Verschlimmerungen der Zustände in der Heimat war geeignet, den Kredit Deutschlands zu schädigen, die Mark weiter zu drücken. Große fett gedruckte Überschriften auf dem Vorderblatt der Tageszeitungen in San Franzisko und auch später in Chicago und Newyork brachten in abgerissenen Sätzen aufregend zurechtgestutzte

Äußerungen, die die nach den Hauptstädten eilenden Geschäftsleute auf den Fahrten in den Vorortbahnen mit Eifer lasen und die dann mit dazu beitrugen, Stimmung an der Börse zu machen. „Former German Chancellor Dr. Michaelis here sees quick end to the coup „ – „Expects further revolts but does not believe in revolution" sollte der Extrakt meiner Ausführungen sein, in denen ich auf die Frage nach der Gefahr neuer Revolutionen antwortete, daß ich an Revolution infolge des Rathenaumordes nicht glaube, daß nur kleinere Putsche lokaler Art würden berichtet werden, denen größere Bedeutung nicht beizumessen sei. „Bolshewism cannot win in Germany he asserts „ – Deutschland kann nicht vom Bolschewismus besiegt werden. – „Dr. Michaelis warns of mew war if Ruhr is really occupied, also, wenn das Ruhrgebiet wirklich besetzt wird, könnten neue kriegerische Verwicklungen entstehen. „Michaelis here sees need of a real peace meeting." Unter dieser nicht gleich verständlichen Überschrift gaben sie dann meine Ausführungen darüber wieder, was denn nun eigentlich geschehen könne, um aus den Wirrnissen herauszukommen. Sie zeigten Verständnis dafür, daß endlich einmal eine wirkliche Konferenz unter Hinzuziehung von Deutschland als gleichberechtigtem Mitverhandler anberaumt, daß die Leistungsfähigkeit Deutschlands von Sachverständigen festgestellt, und daß die Entschädigungssumme in erträglicher Höhe normiert werden müsse. Amerika müsse anfangen, von seinen Forderungen zu streichen. – „Michaelis asks help of United States for Germany"- Michaelis fordert Hilfe von den Vereinigten Staaten für Deutschland.

Auch feindliche Äußerungen fehlten nicht: „Michaelis takes advantage of his visit here to illuminate darkened amerivan minds" - Michaelis nutzt seinen Besuch aus, um dem verfinsterten Verstand der Amerikaner ein Licht aufzustecken. Frankreich solle die Kosten tragen, die Deutschland bei seinem Überfall gehabt habe

„make France pay!" Gehässige unterschriftslose Briefe rieten mir, schleunigst nach Hause zu reisen und dafür zu sorgen, daß die Schulden bezahlt würden. Dagegen schrieb ein freundlicher Beurteiler unter weithin sichtbarer Überschrift: „When old men are optimists",daß er den Eindruck eines Hoffnungsfreudigen trotz allem von mir bekommen habe. Und das hilft ihm selbst zu dem vertrauensvollen Schluß seines Artikels: „At any rate, optimists, sexagenarian or younger, are what a warton world wants most of all as a moral force for ist rehabilitation"– Es sei, wie es sei, Optimisten, ob sechzigjährige oder jüngere, braucht jetzt vor allem anderen eine kriegszerrissene Welt als sittliche Kraft für ihre Wiederherstellung.

Man gibt sich gegenüber den Zeitungsmännern, die meist in besten verbindlichen Formen mit dem Opfer ihres Frageeifers verkehren und die auch in der Regel willig sind, seine Äußerungen sinngemäß und von ihrem persönlichen politischen Standpunkt unbeeinflusst wiederzugeben, leicht der Meinung hin, daß man weitgehenden Einfluss auf die öffentliche Meinung durch sie gewönne. Das ist aber nicht der Fall. Es ist zwar nicht ohne jede Wirkung, wenn der Leser der großen Tageszeitungen aufklärende Artikel über Fragen nach dem Wiederaufbau des Deutschen Reiches zu Gesicht bekommt. Wenn es möglich wäre, unermüdlich fortgesetzte zielbewußte Aufklärungsarbeit zu tun und sie dem Durchschnittsleser in einer Form vorzusetzen, die ihn zunächst mal veranlaßt, die Aufsätze einer Durchsicht zu würdigen, dann würde ein gewisser Erfolg nicht ausbleiben. Aber die große Menge der Leser ist allem Anschein nach politisch so mangelhaft interessiert und in ihrem Urteil so wenig tiefgründig, daß sie sich Fragen, welche Nachdenken und Studium fordern, fernhält.

Der Amerikaner kauft die Tageszeitungen fast ausschließlich auf der Straße und liest sie unterwegs. Die in riesigem Format erscheinenden Blätter muten uns völlig fremd an. Im Durcheinander stehen wichtige politische Depeschen mit Nachrichten von Faustkämpfen, Fußballkonkurrenzen, Gerichtsszenen, Schauergeschichten und persönlichem Klatsch. Leitartikel, die wirtschaftliche, politische, finanzielle, kulturelle Gedankengänge verfolgen und die Tagesereignisse vom höheren Standpunkt aus erörtern und Kritik üben, findet man in den großen, täglich mehrmals erscheinenden Zeitungen kaum. Die großen Blätter werden überflogen, die zahlreichen Bilder von Erscheinungen, die die

Neugier reizen, eines Blickes gewürdigt, und dann fliegt jedes erledigte Blatt durch die bei der Sommerwärme weit geöffneten Fenster der elektrischen Vorortbahn ins Freie. Wenn man einen vorüberfahrenden Eisenbahnzug mit den Augen verfolgt, kann man ohne Unterbrechung aus den Fenstern flatternde Zeitungsbogen vom Windzug ergriffen in der Luft schweben sehen. Die Erlebnisse mit den Reportern haben mich ungewollt von San Franzisko entführt und in allgemeine Pressebetrachtungen verflochten, ehe ich mit meinem Reisebericht auf dem Festlande Fuß fassen konnte. Die größte Überraschung beim Eintritt in das Land, das der Welt den Völkerfrieden bringen will und die Abrüstung predigt, war militärische Aufmachung. Im Hafen lag eine gewaltige Flotte, die an der Westküste des Landes konzentriert war, angeblich, um Flottenmanöver im großen Stil abzuhalten. Wichtigtuer wollten wissen, daß Demonstrationen nach Ostasien hin geplant seien, wo die drohenden Wolken des in China aufziehenden Gewitters des Bürgerkrieges die Entfaltung der Seemacht erforderlich mache. Andere sagten, und das war wohl das Richtige, daß die Marine die Landkrieger grüßen und ehren wollte, deretwegen ganz San Franzisko festlich geschmückt war.

Viele Tausende Verwundeter aus dem Gesamtgebiet der Vereinigten Staaten waren nach San Franzisko eingeladen, um ehrenvolle Gastfreundschaft zu genießen. Mit zahlreichen Musikkorps zogen die Marschfähigen durch die Straßen, Festspeisungen wurden geboten, bombastische Ansprachen wurden gehalten, Inschriften auf Fahnen und auf Straßendekorationen wiesen darauf hin, daß die Tapferen geblutet hatten, um das gefährliche Deutschland zu Boden zu schlagen. Die Heldin des Tages war eine niedliche Sergeantenfrau, die in allen Zeitungen und illustrierten Blättern abgebildet war und die nach den Berichten der Presse die Heldentaten ihres anscheinend wirklich sehr todesmutigen Gatten in öffentlichen Versammlungen erzählte, wobei rühmend von der Presse hervorgehoben wurde, daß der Held selbst viel zu bescheiden und zurückhaltend sei, um seinerseits ein Wort über seine Ruhmestaten laut werden zu lassen. Die Soldaten benahmen sich im allgemeinen tadellos. Der Gedanke, daß für Deutsche der Aufenthalt auf den Straßen, auf Fähren oder elektrischen Bahnen Unbequemlichkeiten oder gar Gefahren mit sich bringen könnte, kam uns nicht. Es fehlte auch die künstliche Begeisterung durch Alkohol, denn wir waren ja im Lande der „Prohibition", der künstlich erzwungenen Enthaltsamkeit von berauschenden Getränken, auf die ich weiter unten noch eingehend zurückzukommen habe.

Ein Gegenstück zu dem militärischen San Franzisko war die „California University" in Birkley, einer Vorstadt jenseits der Bai. In dem Aufbau und dem Betrieb der amerikanischen Universitäten zeigt sich der gewaltige Unterschied im Vergleich zu heimischen Verhältnissen. Wenn man die California-Universität gesehen hat, versteht man erst, warum die amerikanischen Besucher des europäischen Kontinents unsere alten Universitäten, besonders die kleineren, als besondere Sehenswürdigkeiten beaugenscheinigen, wie sie von „Alt Heidelberg, du Feine" schwärmen, soweit ein Amerikaner überhaupt schwärmen kann, aber wie sie von ihren meist flüchtigen Besuchen von den engen, malerischen Verhältnissen, von den geschichtlich so lehrreichen, gemäldegeschmückten Aulen, von den Universitätskapellen und Reitbahnen, von „all den Gäßchen und Winkeln der Stadt" und den bunten Studentenfarben eine Vorstellung mit nach Hause nehmen, wie wir sie etwa von den Examenshallen der chinesischen Studenten haben, Sehenswürdigkeiten rückständiger Jahrhunderte. Nur diejenigen, die längere Zeit in Deutschland studiert haben, verstehen dann etwas von dem Geist, der in den deutschen Universitäten lebt, und bringen heiliges Feuer von diesen Herden mit nach Hause.

Die California-Universität ist jungen Alters. Großzügig ist das Gelände gemessen, auf dem die Hochschulgebäude verteilt sind. Bei unserem Besuch wurden Autos benutzt, um auf den Gängen zwischen den einzelnen Stationen nicht zu viel Zeit zu verlieren. Ein gewaltiger massiger Aussichtsturm in der Mitte dient weithin zur Orientierung; auf seine Spitze gelangt man mit einem Elevator. Großer Wohlstand, der Glanz unerschöpflicher Geldmittel liegt über allem. Alles praktisch, hygienisch und sportlich erstklassig. Die Studenten gut trainierte, gesund ernährte Gestalten, offene lebensfrohe Gesichter, junge Menschen ohne quälende Probleme und Zweifel, an sich selbst und an ihr Vaterland, an ihren Heimatstaat glaubend. Hier werden keine Philosophen, keine „Denker und Dichter" erzogen, hier wächst eine auf das Praktische eingestellte, vor geistiger Überladung bewahrte, sittlich reine nüchterne Jugend heran, hervorragende Durchschnittsmenschen. Und wenn die Leiter und Verwalter, der Präsident und die Professoren, den Stiftern und Gönnern der Universität auf die Frage, vor die jedes Wert in Amerika gestellt wird, Antwort geben müssen, auf die Frage: 'Does it pay?', können sie mit selbstbewusstem Stolz erwidern: „Ja, es macht sich bezahlt."

Im Jahre 1885 fuhr ich von der Stadt weit hinaus an das Gestade des Großen Ozeans zum Cliff House. Die Jugend, die deutsche Heimat lagen weit zurück; die Neue Welt hatte Verstand und Phantasie übermäßig gepackt. Immer weiter sollte der Weg gehen, über das riesige Meer, in Länder, die sagenhaft vorschwebten. Da kam mir der Standort auf den hohen, steil herabfallenden Felsklippen, gegen die eine gewaltige Brandung schäumte, wie ein heiliger Platz vor, eine Stätte, wie die waren, an denen die Männer des Alten Bundes Altäre errichteten. „Bis hierher hat dich Gott gebracht!" riefen die Wogen, wenn sie sich am Ufer brachen, und wenn sie sich zurückwälzten, war es, als forderten sie: „Komm mit!" Die Bangigkeit, die hochkommen wollte, machte frischem Wagemut Platz. Gerade weil einsam und auf mich allein gestellt, ergriff ich die Zukunft mit froher Glaubensgewissheit. Es war ein Wendepunkt im Leben. Den Platz musste ich meinen Reisebegleitern zeigen. Die früher einsamen, menschenleeren Stätten zwischen der Stadt und dem Gelände draußen waren bebaut und durch einen großen öffentlichen Park verschönt. Das Meer lag heute ruhig, fast träge da. Es war, als hätte es von uns nichts mehr zu fordern. Das durchfurchte Meer, das gelebte Leben war friedlich geworden, trotz aller Stürme; der Drang war heimwärts, zurück zur Not des Vaterlandes.

Zunächst galt's, sich dem Durchgangsexpresszug für drei Tage und drei Nächte anzuvertrauen. Unsere Freunde von der YMCA hatten uns ein kleines „Salon-Abteil" im Pullmanwagen reserviert, in dem wir drei, meine Frau, der Professor Heim und ich, bequem Platz fanden. Die Pullmanwagen waren fast unverändert dieselben, wie ich sie vor 37 Jahren in Amerika kennengelernt hatte. Die Speisewagen waren aus jüngerer Zeit. In der Reichhaltigkeit der Speisen, namentlich auch der herrlichen Früchte, wundervoller eisgekühlter frischer Milch, erschienen sie uns im Vergleich zu den abwechslungslosen und in der Auswahl so beschränkten Genüssen der heimischen „Mitropa" wie aus dem Schlaraffenlande entsandt. Der technische Betrieb kann aber den Vergleich mit den deutschen Eisenbahnen nicht aushalten. Die Pünktlichkeit lässt zu wünschen übrig; unvermutete Aufenthalte sind nicht selten. Am stärendsten empfanden wir das ruckweise Anfahren und Halten der Züge. Namentlich das Anrucken zur Weiterfahrt geschah so stoßend, meist mehrmals wiederholt, besonders auch bei Nacht, daß man jedesmal aus dem Schlaf geschreckt wurde.

Unsere Fahrt führte im schnellen Aufstieg durch die Berge der Sierra Nevada in die Schneeregion. Dann hinab nach Salt Lake City und der Denver-Rio-Grande-Linie folgend durch die Wüste und Steppe. Nur ganz vereinzelte menschliche Wohnungen waren zu erblicken und als zahme Lebewesen nur Schafe in großen Herden mit den Hunden. Ganz eigenartig muteten die durch die Einöde dahinsausenden Autos an. In Amerika gibt es über 10 Millionen eingetragene Autos; fast auf jeden Zehnten Einwohner im Lande kommt ein Auto. Auch bei den Herden in der Wüste sahen wir öfters ein Auto halten. In den Städten werden die meisten Autos von den Besitzern selbst oder ihren Familienangehörigen gelenkt. Viele Damen steuerten ihr Auto durch das Straßengewühl mit großer Ruhe und Sicherheit. Zusammenstöße haben wir nirgends bemerkt. Um Mitternacht zwischen dem 30. Juni und 1.Iuli hielt der Zug lange Zeit auf einer kleinen Wüstenstation. Wir glaubten, es würde wahr, was vorher geraunt wurde, daß der Streik der Arbeiter in den Eisenbahnwerkstätten auch auf das Zugpersonal übergreifen würde. Als Zeitpunkt für den Streik war Mitternacht vor dem 1. Juli von den Arbeitsunwilligen in Aussicht genommen. Es wäre eine verzweifelte Lage gewesen, mitten in der Wüste, von anderen Verkehrsmöglichkeiten abgeschnitten. Aber es war nur ein Schaden an der Maschine, und nach vier Stunden rollten wir weiter. Der Aufenthalt hatte das Gute, daß wir die wundervolle Fahrt im Flußtal von Anfang an bei Tageslicht machen konnten. Die Ufer des Flusses verengen sich von Meile zu Meile, bis sie schließlich im Great Gorge sich zu beängstigender Nähe zueinander neigen und in ihrer gewaltigen Höhe dem Himmelslicht den Eingang in die kalte, wasserdurchbrauste Schlucht verwehren. Auch in diese Einöde hatte sich das Auto den Weg gebahnt. Eine Autostraße war auf dem schmalen Raum zwischen Fluß und Fels mit zahlreichen Durchstechungen und Futtermauern angelegt, und wir begegneten Dutzenden von Gefährten. Wie aus der Unterwelt kommend, läuft danach der Zug in die fruchtbare Ebene beim Badeort Colorado Springs, und der nächste längere Aufenthalt nach drei Tagen war Denver. In Denver scheinen viele Amerikaner, die dem lärmenden Getriebe der Industrieorte entfliehen wollen, zu wohnen. Um die Innenstadt zieht sich ein breiter Gürtel von Park- und Villengelände. Alles atmet Reichtum und Behaglichkeit. Wir wollten aber etwas von dem Betrieb und dem Brausen der Großstadt hören und sehen und fuhren nach 24 Stunden weiter nach Chicago. Im Hotel de Salle stiegen wir ab und fanden Zimmer im 17. Stockwerk. Die Zimmer tragen Nummern, welche in den ersten Stellen die Zahl des betreffenden Stockwerks angeben. Wir hatten Zimmer Nr. 1712 und 1713. Nach Chicago war uns von Newyork der Vertreter der YMCA, Henry Israel, als Führer entgegengesandt worden, mit dem ich in Deutschland über ein Jahr lang bis zur Ausreise nach China im „European Relief Work" zusammengearbeitet hatte. Diese Hilfsorganisation des Weltbundes Christlicher Studentenvereinigungen, in der sich die Studenten fast aller angeschlossenen 40 Staaten zum friedlichen Opfer für die notleidenden Studenten des europäischen Kontinents zusammengeschlossen hatten, hat freundschaftliche Fäden hin und her über die Lande gesponnen.

Die segensreichen Folgen dieser Hilfsarbeit werden sich erst allmählich in öffentlich erkennbarer Weise zeigen; aber wir fühlten es bei unserem Aufenthalt in den Vereinigten Staaten trotz aller Hemmnisse und Hindernisse der inneren Verständigung, die uns sonst entgegentraten, daß Verbindungen bestanden, die stärker geworden waren als der Hass. Uns ist aufgefallen, daß der Westen im allgemeinen deutschfreundlicher war als der Osten, insbesondere als Newyork. Das hat zwei Gründe. Zunächst ist der Westen vom Deutschtum stärker durchsetzt als die östlichen Staaten. Sodann befindet sich der Westen im allgemeinen in einem Gegensatz gegen die östliche Hälfte. Im Osten liegt der Schwerpunkt des politischen und wirtschaftlichen Lebens. Das Übergewicht von Newyork ist gewaltig. Ein Blick auf die Eisenbahnkarte der Vereinigten Staaten zeigt, wie die Verkehrslinien in überwiegender Dichtigkeit die östlichen Staaten durchqueren, und Newyork erscheint wie ein riesiger Magnet, der mit unwiderstehlicher Macht das Wirtschaftsleben an sich reißt. Der Westen fühlt sich stiefmütterlich behandelt, und östliche Politik stößt auf Widerspruch im Westen.

Chicago liegt in der Mitte. Was von europäischer Kultur vom Osten her in das Land flutet, was an politischem Einfluß und Einschlag von Newyork den übrigen Staaten der Union erschlossen und vermittelt wird, wird in Chicago noch einmal aufgefangen, gesichtet und weitergeleitet. Chicago stellt sich wie ein Wehr vor den übermächtigen Strom; unterhalb fließt das Wasser in beruhigterem Lauf weiter in die Lande. Für uns war es besonders wertvoll, mit den deutschen Kreisen in Chicago zu verkehren und durch Gespräche mit vortrefflichen Vertretern des Deutschtums in die Lage zu kommen, ein Urteil rückblickend und für die Zukunft zu gewinnen. Es erscheint so schwer verständlich, daß ein Volk den Krieg an Deutschland erklären konnte, dessen Einwohner ja zu fast ein Viertel deutsch sind und das dem Deutschtum so viel verdankt. Es war doch nicht vergessen, daß in dem einzigen umfassenden Kampf, den Amerika geführt hat, in seinem Befreiungskampf, es die Deutschen unter dem General v. Steuben gewesen sind, die für die Erhaltung der Union kämpften und die immer da standen, wo der Kampf am schwersten war. Es gäbe keinen Bund der Vereinigten Staaten, wenn die Deutschen nicht gewesen wären. Und in der friedlichen Zeit, die diesem glücklichen Lande beschieden war, haben deutsche Handwerker und Arbeiter und vor allem deutsche Bauern das Land geschaffen und vorwärtsgebracht. „Deutsche brachten den Buchdruck und den Holzschnitt, chemische Fabriken und Eisenhütten, Gewehrfabriken und Glockengießereien, die Klavierindustrie und die Brauereien; deutsch-amerikanische Ingenieure halfen wacker an den technischen Großleistungen der Neuen Welt, schufen Riesenbrücken und Tunnels, und deutsch-amerikanischer Reichtum half bei den gigantischen Unternehmungen des Verkehrswesens und der Industrie. Daneben wirkten leise die deutschen Pädagogen. Deutsche brachten den Kindergarten, und Deutsche vor allem brachten die Hausmusik und das Oratorium und die Symphonie. Deutsche brachten heitere Lebenslust und die burschikose Spielart der Gemütlichkeit und manches Zarte und Sinnige. Der Deutsche brachte den Weihnachtsbaum, der Deutsche liebte die Blumen; noch heute sind die Musiker und Gärtner im Lande fast überall Deutsche. Vor allem missbilligte die große Masse des Deutschtums jeder Zeit die Korruption der Stadtverwaltung, die von dem politischen Einfluss der eingewanderten Irländer untrennbar schien. Deutsche sympathisierten lebhaft mit den Bemühungen für Verwaltungsreform und öffentlichen Fortschritt. Der unparteiische Amerikaner muss gestehen, und oft ist es von leitender Stelle gesagt, daß die deutsche Einwanderung immerdar dem amerikanischen Volke im besten Sinne gesunde nationale Elemente zugeführt hat."

Die einsichtigen Amerikaner haben es dann im Fortgang der Geschichte der Einwanderung besonders dankbar empfunden, daß die deutschen Elemente ein heilsames Gegengewicht gegen die Einwanderung bedenklicher Volkstypen bildeten. Früher wanderten in Amerika nur Iren, Schweden und Schotten außer den Deutschen ein. Dann aber kamen in den Jahren nach 1910 Hunderttausende von Russen, meist russische Juden, Galizier, Italiener, überwiegend unkultivierte Menschen, für lange Zeit kulturunfähig. Da wurden sich die Amerikaner in besonderer Weise bewußt, was sie am Deutschtum hatten. Wie war es nur möglich, daß die Stimmung so feindlich umschlug, daß es nicht nur zum Kriege kam, daß man im Kriege und nach dem Kriege gegen die Deutschen im Lande mit unerhörter Härte und Ungerechtigkeit vorgegangen ist? Hochehrenwerte und keineswegs chauvinistisch gerichtete Männer haben mir mit bebenden Lippen von diesen Zeiten der Vergewaltigung und krassesten persönlichen Erfahrungen erzählt, die noch nach Jahren die Herzen wund erhalten und eine, wie mir schien, vollberechtigte Empörung auslösten.

Wenn die Deutschen wirklich verstanden hätten, in ihrem neuen Vaterlande ihre Kulturaufgabe restlos zu erfüllen, wenn sie sich nicht bloß im Wirtschaftsleben, sondern im geistigen und politischen Leben den Platz erobert hätten, der ihnen gegenüber den Engländern und Iren zukam, dann wäre doch sicherlich ein solcher Umschlag nicht möglich gewesen, die von England verbreiteten Lügen über Deutschland hätten, so raffiniert und übermächtig auch ihre Mittel waren, den Erfolg nicht haben können, den sie gehabt haben. Die Prüfung dieser Frage ist so wichtig, weil von ihrer Beantwortung abhängt, ob die Deutschen in der Zukunft in der Lage sein werden, friedlich das Feld wieder zu erobern, die verlorenen Posten im Volkstum von neuem zu besetzen und bei voller Wahrung ihrer Würde inneren Frieden zu machen.

Ich würde es nicht wagen, ein Urteil auszusprechen, und möchte nicht in den Fehler eines Globetrotters verfallen, der nach einem Aufenthalt im Lande, der nur nach Wochen zählt, klug sprechen will, aber meine Beobachtungen decken sich in weitem Maße mit dem, was Hugo Münsterberg in seinem ausgezeichneten Buch „Der Amerikaner" schreibt. Da gibt es zunächst eine widerwärtige Sorte von Deutschen, die sich ihres Vaterlandes schämen. Meist sind es die Söhne von reich gewordenen Deutsch-Amerikanern, die ohne Verständnis für die Vorzüge des Heimatlandes der Väter auf dessen Rückständigkeit schimpfen und frech erklären, dc»ß sie nur in einem so großzügigen freien Lande wie Amerika menschenwürdig leben könnten. Sie sollen hier nur der Vollständigkeit wegen erwähnt werden; ein weiteres Wort verdienen sie nicht. Anderseits habe ich Männer und Frauen kennengelernt, die, obwohl sie amerikanische Bürger und Bürgerinnen geworden sind, sich bewusst absondern und einen Staat im Staate bilden wollen. Das sind die „Hyphans", die „Bindestrich"-Amerikaner, von denen der Amerikaner mit großer Abneigung spricht. Ihre Zahl ist natürlich durch den Krieg und die Erfahrungen der Nachkriegszeit gewaltig gewachsen, und das ist voll verständlich. Aber wenn sie dem Lande nicht den Rücken kehren wollen, das sie so schmerzlich enttäuscht hat, wenn sie weiter Bürger der Vereinigten Staaten bleiben, dort wirtschaftlich tätig sein, Geld verdienen und ihren Kindern eine Zukunft bauen wollen, dann muss – nach würdiger Auseinandersetzung im Dienst der Gerechtigkeit und Wahrheit, die kommen muss – eine Verständigung gefunden werden. Es müssen Fehler vermieden werden, die nach Münsterbergs Meinung früher gemacht worden sind. Er fragt mit Recht, woher es komme, daß das kleine Häuflein der führenden Geister von 1848, die Deutsche im besten Sinne des Wortes waren, keinen Nachwuchs hatte?[2] Die Zahl der Deutschen im Kongress und in den führenden politischen Stellen war immer verschwindend klein. „Deutschlands Ruhm war stets das hohe Niveau der geistigen Produktion gewesen; auf allen Gebieten des Geisteslebens drängen sich die Namen starker Individualitäten. Schon kann die amerikanische Nation anfangen, selbst auf vergleichbare Geistesschöpfungen in Wissenschaft und Literatur und auf allen Gebieten hinzuweisen: aber wie ärmlich ist bei allem der Beitrag der Deutsch-Amerikaner. Sie hätten der geistige Sauerteig werden sollen für dieses neue Volk, aber sie sind es nicht geworden. Sie hätten auf die geistigen Güter hindrängen sollen und haben sich statt dessen bei den reichlichen materiellen Gütern wohl sein lassen; was sie geistig produziert haben, überstieg die Mittelmäßigkeit nur in verschwindenden Ausnahmen. Ihre Literatur in deutscher Sprache ist im Grunde trivial; nicht einmal ein Lied, das der

---

[2] Hugo Münsterberg: „Der Amerikaner", Bd. I, S. 42 ff.

Erinnerung an die alte Heimat oder der Freude an der neuen Heimat klassischen Ausdruck gibt, nirgends eine Dichtung, nirgends eine musikalische Komposition im großen Stil. Und kindlich bescheiden waren die Beiträge zur Wissenschaft, gleichviel ob in deutscher oder in englischer Sprache. Das schließt selbstverständlich nicht aus, daß in den 200 Jahren deutsch-amerikanischer Geschichte vieles Erfreuliche geleistet wurde. Man kennt gute Romane, Gedichte und Essays aus deutscher Feder, und eine Reihe anerkannter deutscher Gelehrter wirkt heute an amerikanischen Hochschulen. Aber selbst unter diesen sind die wenigsten aus den Reihen des Deutsch-Amerikanertums emporgewachsen. Wer schon mit fertigen Leistungen über den Ozean geht, darf nicht dazugerechnet werden; und wird die Betrachtung auf die beschränkt, die in der Neuen Welt geboren sind, so liegt ein Mangel an bedeutender Produktion und feinster individueller Kulturleistung vor, der in entschiedenem Missverhältnis zur deutschen Begabung steht. Statt vorbildlich zu wirken, ahmte man zu oft die Fehler der anderen nach und übertrieb sie. Der verträumte Deutsche wurde plötzlich nur auf den Erwerb erpicht.

Man darf dem nicht entgegenhalten, daß ja die große Masse der Einwanderer den niederen Volksschichten angehört. In Deutschland bringen diese niederen Schichten es zwar fast nie zum Wohlstand, wohl aber drängen sie häufig aufwärts, lassen gern ihre Söhne etwas Besseres lernen, und deren Söhne stehen oft bereits in der ersten Reihe. Der Deutsch-Amerikaner bringt es sehr oft zu Wohlstand, lässt aber seinen Jungen dann so früh wie möglich ins Geschäft eintreten. Die Zahl der Deutschen unter der Studentenschaft der führenden amerikanischen Universitäten ist viel zu gering, unter den Dozenten noch geringer. Selbständige Geister sind nur wenige, große Geister niemals in jenen Kreisen entstanden; höhere geistige Regsamkeit, von jeher die Stärke deutscher Kultur, hat das Deutsch-Amerikanertum dem neuen Volk viel weniger gebracht als vorgefunden."

Die Deutsch-Amerikaner haben stets gegen die Korruption in der Stadtverwaltung und gegen das politische Beutesystem gekämpft und mtt den Reformen sympathisiert, aber die Mißbilligung setzte sich nicht in energische heilende Tat um, und es fehlte die Willigkeit, Opfer zu tragen. „Wenn in einer kleinen Stadt neun Zehntel Deutsche und ein Zehntel Irländer Zusammenwohnen, so blüht das deutsche Geschäft, aber die Iren regieren die Stadt, vom Bürgermeister bis hinunter zum Schutzmann." „Was von der geistigen Produktion und der politischen Verteilung gilt, gilt schließlich auch von der sozialen Verfeinerung des Lebens. Auch der gesellschaftliche Deutsche ist für das Land Mittelware, nicht besonders schlecht und nicht besonders gut und ohne entscheidenden Einfluss auf das tiefere Wesen des neuen Volkes. Das schwerfällige Philistertum der zehntausend Gesangsund Turn- und Skat-Vereine beherrscht die soziale Stimmung, und der geistlose Geist der Kleinstadt-Stammtische beherrscht die Interessen. Charakteristisch Deutsches dringt kaum irgendwo in die obersten sozialen Schichten. Gewiss findet man in Newyork und Philadelphia, in Chicago und St. Louis und anderswo prächtige deutsche Häuslichkeiten. Aber wer sich viel in englischen und deutschen Gesellschaftskreisen bewegt, empfindet doch, daß in den englischen Kreisen eine unvergleichlich größere Sicherheit der Form herrscht; sie geben ihr Eigenes, die anderen geben ein Nachgeahmtes, nicht immer mit Anmut und Natürlichkeit. Daher hält denn auch, obgleich das Wirtschaftsleben die angelsächsischen und die deutschen Menschen vollständig durcheinandermischt, das soziale Leben sie im großen und ganzen getrennt, und ohne Zweifel spielt das Deutschtum dabei eine zweite Rolle. Im ganzen gestaltet sich dann also die Rolle des Deutschen doch so, daß er sich ehrenhaft, bieder, gesund, fleißig und zuverlässig erwiesen hat, daß es ihm gut ging, daß er sich wohl fühlte, und daß er als Mitarbeiter und als Mitbürger mit gutem Grund willkommen geheißen wurde. Mit Bedauern muss nur eben hinzugefügt werden, daß seine Tugenden außerhalb des wirtschaftlichen Gebietes sich im wesentlichen passiv bekundeten. Er war dadurch bisher nur wenig imstande, dem neu sich bildenden Volke zu den angelsächsischen auch die besten deutschen Wesensmerkmale mitzugeben. Um dieser negativen Eigenschaften willen war er denn auch nur in bescheidenem Maße befähigt, die geistige Vermittlerrolle zwischen der deutschen und der amerikanischen Nation zu übernehmen."

Wir haben eine Reihe ausgezeichneter Männer und Frauen kennen gelernt, die die von Dr. Münsterberg hervorgehobenen Unzulänglichkeiten ihrer deutsch-amerikanischen Landsleute, maßgeblichen Einfluss im politischen und gesellschaftlichen Leben zu gewinnen, schmerzlich mit empfanden, wie ja denn selbstverständlich das Urteil über die Allgemeinheit nicht für diejenigen gilt, die als hochgebildete und feinfühlende Vertreter deutschen Wesens in der amerikanischen Umwelt leben. Aber sie ziehen sich meist vornehm zurück und haben deshalb auf weitere Kreise keinen Einfluß. So mag es zu erklären sein, daß bei den folgenschweren Erwägungen über den Eintritt Amerikas in den Weltkrieg auf Seiten unserer Feinde die inneren Bande zwischen dem deutschen und angelsächsischen Teil der Bevölkerung sich als nicht tragfähig erwiesen. Die Deutschen hatten keinen ausreichenden Einfluss auf die maßgebenden Faktoren; sie konnten das Unheil nicht verhindern.

Als für die Deutschen kennzeichnend hebt Münsterberg hervor, daß sich das politische Deutschtum nur dann mannhaft aufgerafft habe, wenn es galt, den Sonntagstrunk zu verteidigen. Zu seiner Zeit beschränkte sich die „Prohibition" darauf, am Sonntag die Schankstätten zu schließen und den Verkauf alkoholischer Getränke zu verbieten. Was würde er für Beobachtungen gemacht haben, wenn er im Jahre 1922 mit uns Amerika durchquert hätte. Amerika ist „trocken gelegt", Alkohol ist verboten. Der Zustand der Trockenheit ist noch neu. Die Gesetzgebung hat gesprochen, aber abgetan ist die Sache damit noch nicht. Die Anhänger von Prohibition triumphieren, aber sie sehen doch teilweise mit einer gewissen Besorgnis auf die gewaltigen Widerstände, auf die Empörung über die „unerhörte Beschränkung der persönlichen Freiheit im angeblich freiesten Lande der Welt". In der Schar der Kämpfer gegen die Enthaltsamkeit marschieren „Germans in the front". Überall, wo wir hinkamen und von Deutschen gastlich aufgenommen wurden, war das Thema der Unterhaltung für die ersten 30 Minuten feststehend: „Verzeihen Sie, daß wir Ihnen kein Glas Wein vorsetzen können, aber Sie wissen ja usw." Wenn wir dann wahrheitsgemäß versicherten, daß für uns die Frage ziemlich gleichgültig sei, setzte in der Regel ein starker Chor der Verteidiger des Alkoholgenusses ein. Meist war die Einleitung die, daß auch sie keineswegs Alkoholiker seien, ja, daß sie vielleicht nur bei seltener Gelegenheit ein Glas Wein oder Bier tränken, aber das absolute Verbot sei ein radikaler Unsinn. Viele Leute, denen der Alkohol früher gar kein Bedürfnis gewesen sei, gewöhnten sich jetzt aus Opposition an, zu trinken. Die private und heimliche Herstellung alkoholischer Getränke nähme ungeheure Dimensionen an, der Schmuggel blühe, das Ganze sei eine Geldfrage. Es gediehe nicht die Enthaltsamkeit, sondern die Heuchelei. Mit dem Wahnsinn müsse so bald wie möglich ein Ende gemacht werden. Es ist nicht leicht, ein abschließendes Urteil zu fällen. Es ist richtig, daß im geheimen getrunken, daß im stillen Alkohol produziert, und daß viel Wein und Schnaps geschmuggelt wird. Ich neige aber zu der Auffassung, daß der Prozentsatz derer, die verbotenerweise mit Alkohol versorgt werden, nicht entfernt so groß ist, als behauptet wird, und daß der Alkoholgenuss abnimmt. Die Jugend wächst unter anderen Einstellungen heran. Ich habe junge Männer in großer Zahl kennen gelernt, die noch nie in ihrem Leben einen Schluck Alkohol genossen hatten. In den Esssälen der großen Hotels, im Eisenbahn-Speisewagen, in den feinen Restaurants wie dem Claremont-Restaurant über dem Hudson bei Newyork haben wir nichts von Alkohol gesehen. Und noch viel wichtiger: in den Arbeitervierteln in Chicago, die wir zu Zeiten aufsuchten, wo Lohn ausgezahlt war, war auch nicht ein Betrunkener zu sehen. Das ist doch ein gewaltiger Erfolg. Trübe Erinnerungen an vergangene Zeiten in Deutschland tauchten dagegen auf. Wenn ich in Liegnitz am Sonnabend abends von der Regierung durch enge Straßen der inneren Stadt zu meiner Wohnung zurückging, mußte ich an einer großen berüchtigten Schnapsdestille vorbei. Sie stand gedrängt voll Männer, wüst gestikulierend und schreiend, in dickem Tabaksqualm.

Draußen Gruppen armer, blasser Weiber, die sich vergeblich bemühten, ihre versoffenen Männer herauszuholen; Bilder des Jammers.

Wenn wir in Oberschlesien in den Bergwerksrevieren bei Streiks die Schankstätten schlössen und rücksichtslos jeden Alkoholverschleiß unterbanden, dann ging die Statistik der Polizei- und Strafverfolgungsorgane automatisch fast bis zum Nullpunkt herunter. Die Roheits- und die Unsittlichkeitsverbrechen werden doch fast ausschließlich unter dem Einfluss des Alkohols begangen. Man verschließe sich doch nicht vor der Statistik der Strafanstalten und Irrenhäuser. Die Mehrzahl der Insassen durch Alkohol original oder erblich belastet. Was für ein Elend wächst mit den im Rausch erzeugten Kindern heran. Wenn man Männer nach dem Ursprung solcher Stunden im Leben fragt, deren Geschehnisse sie am dringendsten ausgelöscht sehen möchten, – wird nicht bei einer großen Zahl bekannt werden müssen: Betrunkenheit!?

Wir dürfen nicht über die Alkoholfrage mit landläufigen Witzen hinweggehen, wie es in Deutschland oft auch im Parlament üblich ist. Auf einer Eisenbahnfahrt in Deutschland kam mir im Frühjahr 1923 eine Nummer des „Simplicissimus" zu Gesicht. Sie war „Deutschlands Trockenlegung" überschrieben. Sämtliche 20 Seiten des Blattes waren diesem Thema gewidmet. Manches war so wüst, daß ich vorübergehend der Auffassung wurde, das Blatt wolle den Alkoholismus geißeln. 'Aber schon die 11 Seiten Großformat Anpreisungen für Sekt- und Likörfirmen und Brauereien, für Etikettiermaschinen und Apparate für Flaschenkellereien zeigten, wem gedient werden sollte. Eingestreut waren nur Angebote von Heilmitteln gegen Geschlechtskrankheiten, von Werken über Nacktleben und Nacktsport und anderen „interessanten" Büchern.

Ja fürwahr, was wird aus dem ganzen Vaterland, aus Deutschland?! Man gehe zu nächtlicher Zeit durch die Straßen der Friedrichstadt in Berlin und weiter nach Norden bis zum Stettiner Bahnhof; man wandere durch die Likörstuben-, Bar- und Nachtkaffee-Straßen des Westens. Ein Ekel fasst uns an. All dieser Schmutz, all diese Verworfenheit, dies Elend ist ohne Alkohol nicht denkbar. Mit einem Schlage wäre die

Hauptstadt der Deutschen gereinigt, wenn mit der Alkoholbekämpfung ernst gemacht würde.

Zuzugeben ist, daß das Problem ein schwieriges ist. Man kann mit Recht sagen: Berlin ist nicht Deutschland, und oberschlesische Bergwerksreviere sind nicht friedliche und gesittete Gebirgstäler. Auch die Bibel kennt kein Verbot des Weintrinkens, es steht in ihr geschrieben, daß der Wein des Menschen Herz erfreue. Ein reines Getränk aus dem Saft der Reben könnte als ein liebliches Geschenk göttlicher Schöpferkraft entgegengenommen werden. Aber was Stärkung, Belebung und Vermehrung erlaubter Freude sein könnte, wird durch Volksgewohnheit und Unsitte, durch Zügellosigkeit und den Druck schlechten Gewissens der einzelnen zur Betäubung, zur Knechtschaft, zum Fluch. Wenn es nur eine Alternative gäbe: Absolutes Verbot oder volle Freiheit, müsste jeder sittlich denkende Mensch, jeder wahre Freund seines Volkes unbedingt und ohne Zaudern für die volle Enthaltsamkeit eintreten. Da kann es keinen Zweifel geben. Aber es fragt sich, ob nicht in erziehlicher Weise vorgegangen werden muß. Erfahrungen, wie ich sie in einem völlig „trockenen" Lande wie Finnland gemacht habe, haben mich nachdenklich gestimmt. Solange die Regelung der Alkoholfrage nicht zwischenstaatlich erfolgt ist, solange die Nachbarländer noch unbeschränkt und offen alkoholische Getränke produzieren und mit ihnen Handel treiben können, ist der versteckte, der SchmuggelHandel erfahrungsgemäß stetig zunehmend und selbst durch harte Strafen nicht zu unterbinden. Es wird am Schmuggel zu viel Geld verdient, als daß die gelegentlich auferlegten Geldstrafen ins Gewicht fielen. Das Geheimnis der geschmuggelten Getränke regt zum Widerstand gegen die Gesetze an; das Gefühl der Selbstverantwortlichkeit, die Freiheit des Willens lässt sich durch absolute Verbote nicht ausschalten. Absolut müßte verboten werden, was unbedingt Gift ist. Der Schnaps ist Gift, deshalb muss er verboten werden. Was mit dem Opium gelingt, muss mit Whisky und anderem Fusel auch gelingen. Likörstuben und Bars müssen geschlossen werden, sie sind Brutstätten der Verschwendung, der Vergiftung, der Unzucht. Vor der Schonung und Duldung dieser Schmach in einem Lande, dessen gesetzliche Vertreter hohe Töne von Idealen, von Sittlichkeit und Volksveredlung anzuschlagen wissen, stehen Engländer und Amerikaner starr. Bier dürfte nicht mehr als einen gesetzlich festgelegten niedrigen Grad Alkohol enthalten und müsste ebenso wie der Wein weiterhin so hoch versteuert werden, daß ein schädlicher Massenkonsum aus wirtschaftlichen Gründen unmöglich oder doch nur vereinzelt möglich wird. Die Jugend muss zur Freiheit vom Alkohol erzogen werden. Es zeigt sich bei der deutschen Jugend, daß in weitem Umfange ein Brück mit alten Vorstellungen von den „Germanen, die auf der Bärenhaut liegen und immer noch eins trinken", vollzogen ist. Die christlichen und die freideutschen Organisationen marschieren voran. Sport und Leibesübungen setzen den Trieb der Begeisterung neben die hygienischen, wirtschaftlichen, sittlichen und religiösen Erwägungen. Hierin muss die Jugend bestärkt und unterstützt werden. Das gesellschaftliche Beisammensein muss edleren und unterhaltenderen Inhalt bekommen, damit nicht aus Geistlosigteit und Stumpfsinn heraus der Ruf nach dem „Becher, dem Bringer der Luft", laut wird, der in künstlicher Begeisterung die Geist- und Witzlosen in ihren eigenen Augen geistvoll und witzig macht. Der Hang zum Alkohol sollte von der sittlich und geistig reif gewordenen Jugend abfallen wie die missfarbig und welk gewordene Schale einer köstlichen, gesunden Frucht. Unsere Landsleute in Amerika sollten solch positives Programm zu ihrer Losung machen, wenn sie gegen das absolute Alkoholverbot zu Felde ziehen. Der scharfe Kampf, wie er im allgemeinen geführt wird, mit allen Mitteln des Spotts, der Übertreibung, der Entstellung, mit falschen Gründen von Verletzung der persönlichen Freiheit und anderen künstlich konstruierten sittlichen Motiven ist geeignet, die Mehrheit der deutschen mit der Mehrheit der englischen Amerikaner in besonders scharfen Gegensatz zu bringen. Bei der Erörterung der Kandidaten für die demnächst stattfindende Präsidentenwahl wurde in der Presse ihre vermutliche Ansicht zur Prohibitionsfrage an hervorragender Stelle diskutiert. Es scheint mir nicht ausgeschlossen zu sein, daß im Wahlkampf die Frage, ob der Kandidat

Prohibitionsfreund oder -gegner fei, mitentscheidend sein wird. Die Deutschen müssten sich hüten, daß sie die Wahl eines Mannes bloß deshalb propagieren, weil er für Aufhebung oder Einschränkung der Trockenlegung ist.

Die Amerikaner scheinen mir an vielen Plätzen, namentlich in großen Industriestädten wie Chicago, Hervorragendes auf dem Gebiet der Erziehung des Volkes zu harmloser und nüchterner Freude zu leisten. Hier wirken die Organisationen der christlichen jungen Männer und Frauen mit großem Segen. Chicago wird auf der Nordseite vom Michigansee umgrenzt. Das Ufer dieses riesigen Binnenmeeres mit seinem herrlichen Strand bildet den Haupttummelplatz für die am Sonntag und in den Freistunden aus dem Straßengewirr herausflutenden Massen. Hier lagern sie im Sande und reinigen und erholen ihre Lungen in der Seeluft. Für Kinder sind besondere Freibäder unter verständnisvoller Aufsicht von Frauen und Mädchen, die sich dauernd für diesen Dienst zur Verfügung stellen, eingerichtet. Eine gewaltige Brücke geht mehrere hundert Meter weit in das Meer hinaus, die die Chicagoer „Recreation Peer „ – Erholungsbollwerk–nennen. In gewaltiger Breite bietet sich Raum für über 200 000 Menschen, die, ohne sich drängen zu brauchen, auf den endlosen Bankreihen Platz nehmen und stundenlang den Freikonzerten zuhören können, die ihnen geboten werden. Überall sind Erfrischungsbuden aufgestellt, in denen Tee und andere alkoholfreie Getränke und Gebäck zu fabelhaft billigen Preisen zu kaufen sind. In der Mitte der Brücke erhebt sich ein riesiger runder Saalbau, in dem unter Leitung von freiwilligen Ordnern getanzt wird. Der Tanz ist dort Sport, der mit feierlichem Ernst betrieben wird. Die riesigen Fenster geben der Seeluft freien Zutritt. Alles Schwüle, aber auch alles sittlich Dumpfe und Ungesunde ist verbannt; der Tanz erholt und erfrischt. Nach dem Lande zu ist Chicago von einem weiten Schutzstreifen von Parks umgeben, die von reichen Bürgern der Stadt geschenkt sind. Schattige Baumgruppen, weite Rasenflächen, Seen mit Ruderbooten, primitive botanische und zoologische Gärten, Sporteinrichtungen, Schaukeln, – alles zur unbehinderten Benutzung von groß und klein; auch hier nirgends Alkohol, aber auch keine Polizei, keine Verbottafeln und Absperrungen. In den heißen Julitagen, in denen wir diese Volksplätze besuchten, strömte die Bevölkerung in Massen in Autos, auf Rädern und mit den Straßenbahnen hinaus und lagerte in zahllosen Gruppen familienweise und verzehrte das mitgebrachte Abendbrot. Nach Einbruch der Dunkelheit tauchten hie und da „open air movies" – Freiluftkinos – auf, um die sich Tausende scharten. Auch hier waren die YMCA.s in der Regel die Veranstalter. Sie begannen mit harm- und geistlosen Aufführungen. Dem Volksempfinden schienen ganz besonders Polizeierlebnisse Freude zu machen, Verfolgung von Einbrechern, bei der die Wächter der Ordnung meistens zu spät kamen und verlacht wurden, und ähnliches. Dann setzten Bilder und Szenen aus dem amerikanischen Volks- und Wirtschaftsleben ein, Landschafts- und Industriebilder, geschickt zusammengestelltes statistisches Material, und zum Schluß religiöse Bilder und Szenen mit Texten aus der Bibel oder Sinnsprüche aus dem christlichen Gemeinschaftsleben.

In besonderer Weise nahmen sich die YMCA.s der eingewanderten Bevölkerung niederer Kulturstufen an. Solche Ausländer wohnen, ehe sie in den Lebensstand der amerikanischen Bevölkerung eingerückt, ihr assimiliert und in ihr eingetaucht sind, in Straßenvierteln beisammen. Man kann sich bei der Durchfahrt durch diese Quartiere in schnellem Wechsel nach China, nach dem Balkan, nach Kleinasien versetzt vorkommen. Die YMCA.s haben auch in diesen Vierteln ihre Versammlungshäuser als Mittelpunkt ihrer Fürsorgearbeit. In solchem Hause arbeiten dann immer ein amerikanischer und ein ausländischer Sekretär freundschaftlich vereint. Wir besuchten im Chinesenviertel eine Versammlung, die gedrängt voll war. Die Chinesen standen vor den Fenstern und vor den Türen, um den Vortrag eines chinesischen Sekretärs zu hören. Für diese Ausländer sind im Park Kinoaufführungen vorgesehen, durch die sie mit der amerikanischen Begriffs- und Vorstellungswelt vertraut gemacht werden sollen. Mit derbsten, ursprünglichsten und aufdringlichsten Mitteln wird hier getrieben, was unser amerikanischer Begleiter „americanizing" nannte. Wer in das Völkergemisch der Vereinigten Staaten eintreten will, wird geistig, sittlich und wirtschaftlich desinfiziert, imprägniert und umgeformt. Sie werden schließlich alle „Amerikaner".

Dem deutschen Wesen mag dieses Eintauchen in amerikanische Art besonders schwer fallen. Wir rühmen unseren Landsleuten, die in früheren Jahrhunderten den Wanderstab ergriffen, sich in Siebenbürgen, in Polen, in Südrussland und Amerika angesiedelt haben, nach, daß noch heute Sprache und Sitte, christlicher Glaube und Geistesleben unverändert und treu bewahrt sind, daß sie deutsch geblieben sind in allem Tun und Denken. Wir Deutsche sind sentimental, wir leben gern in der Erinnerung, und die gemeinsame Vergangenheit verbindet uns mehr als die Pflichten der Gegenwart und Zukunftsziele. Wenn ein Deutscher in einem entfernten Gebirgstal als Rest alter PostHerrlichkeit eine gelbe Kutsche hinrollen sieht und der „Schwager" ein im Gewirr der Neuzeit längst vergessenes Lied bläst, dann versinkt er in schmerzlich-wohlige Erinnerung an die gute alte Zeit. So was gab's nur in Deutschland, meint er, und in der Erinnerung liegt dann für ihn das Band der Gemeinschaft und der Vaterlandsliebe.

Der Amerikaner ist nichts weniger als sentimental. Die Vergangenheit interessiert ihn nicht. Gemeinsames geschichtliches Erleben ist nicht Bindemittel zwischen den Staatsangehörigen. Mit beiden Füßen stehen sie auf dem Boden der Gegenwart, und was sie vereint, sind die Ideen über die Zukunft. Ganz systematisch werden die Volksgenossen von Jugend auf auf diesen Gegenwartsboden gestellt und werden politisch, sozial und vielfach auch religiös geschult. Ein höchst originelles Beispiel religiöser Schulung erfuhr ich im Pullmanwagen zwischen Chicago und den Niagarafällen. Ich wurde mit einem jungen YMCA-Geistlichen bekannt, der in einer landwirtschaftlichen Gegend amtierte, wo die Ansiedler durch genossenschaftliche Ent- und Bewässerungs-Meliorationen ihre Wiesenflächen zu ungeahnter Fruchtbarkeit brachten. Der Pastor musste von diesen technischen Dingen etwas verstehen und davon predigen, sonst blieb er ohne Einfluss. Er war deshalb in eigenem Vorbereitungskursus auf die Lösung dieser Aufgabe vorbereitet und überreichte mir ein von ihm verfasstes Büchlein, das den Titel „Irrigation and Religion" trug. Man fragt sich: Was haben Bewässerung und Religion miteinander zu tun? Er schrieb in dem Buch: daß die Be- und Entwässerung dem Lande zum Segen gereiche und die wirtschaftliche Lage aller beteiligten Ansiedler hebe, sei klar. Die Durchführung eines solchen Meliorationswerkes sei nur durch genossenschaftlichen Zusammenschluss möglich. Der genossenschaftliche Gedanke sei ohne Gemeinsinn und Unterstellung der eigenen Interessen unter das Wohl der Allgemeinheit nicht denkbar. Solange jeder selbstisch nur an sich denke, seine Wiesen ohne Rücksicht auf die Unterlieger entwässere, sei von Nächstenliebe nichts bei ihm zu spüren. Die Unterordnung unter den genossenschaftlichen Einheitswillen sei eine sittliche Idee. Im zweiten Kapitel des Philipperbriefes (V.4) stehe: „Ein jeglicher sehe nicht bloß auf das Seine, sondern auch auf das, was des anderen ist." So sei der genossenschaftliche Gedanke unmittelbar christlich. Ein tüchtiges Mitglied einer Entwässerungsgenossenschaft ist dann ein guter Christ. Irrigation und Religion hingen unmittelbar zusammen. Also auch auf religiösem Gebiet die praktische Frage:Does it pay?

Solche Schulung ist keine tiefgründige, sie ist stark mechanisch auch auf rein geistigem Gebiet. Der praktische Nutzen muss als genügender Beweis für die Richtigkeit und innere Begründung gelten. Der amerikanische junge Mann glaubt mit derselben Unumstößlichkeit an die Richtigkeit politischer Lehren, wie der alttestamentliche Jude an seine Gesetze. Insbesondere ist ihm die Verfassung ein unverletzliches Heiligtum, eine nie zu übertreffende Quelle fruchtbaren und gesunden politischen Lebens. Wenn man die Amerikaner fragt, was ihnen an ihrer Verfassung und an ihrem verfassungsmäßigen Leben das wertvollste, das wichtigste sei, erhält man einhellig die Antwort: die Selbstbestimmung. Die Parole, die Lincoln ausgab, daß das der höchste Stand politischer Freiheit und bürgerlicher Würde sei: „Alles durch das Volk, aus dem Volk und für das Volk", beherrscht wie ein Zauberspruch die Gedankenwelt. Mit dieser Formel will man das Ideal des demokratischen Prinzips erschöpfen, sie soll Schild und Waffe gegen alles sein, was nach Militarismus und Vureaukratismus riecht. Gegen diese „Ismen" hat der richtige Amerikaner einen geradezu tödlichen Haß. Er kann sich unter militärischer Schulung und soldatischer Disziplin nur Knutenregiment und Kadavergehorsam vorstellen, und preußischer Bureaukratismus ist für ihn untrennbar mit Strebertum und brutalem Verhalten gegen die Regierten verbunden. Nach Münsterberg ist der organische Fehler solcher Demokratie „das Übergewicht der Durchschnittsmenschen. Für wahrhaft große Männer ist kein freier Raum. Groß erscheint der zunächst, der die Strömungen des Tages ausnutzt. Der Ehrgeiz muß sich notwendigerweise in erster Linie auf diejenigen Leistungen richten, für die jedermann Verständnis besitzt und mit denen jedermann wetteifern kann: Reichtum und körperliche Leistung. Der Geist des Sports und der wirtschaftlichen Kultur wird daher solche Bevölkerung unmittelbarer ergreifen, als etwa der Geist der Kunst und der Wissenschaft. Selbst in der Politik wird die Alleinherrschaft der Mehrheit leicht diejenigen aus der Arena verdrängen, deren Vorzüge nicht an den Durchschnittsgeschmack appellieren." Aber wir Deutsche wollen es uns sagen, daß es uns gerade an einer ausreichenden Zahl dieser vortrefflichen Durchschnittsmenschen fehlt. Der Ausspruch, daß das deutsche Volk regiert sein wolle, ist nicht unzutreffend. Wir schwärmen für unsere Helden und warten immer auf den starken Mann, und zwar nicht bloß die reaktionären Kreise. Wir verlassen uns selbst noch in den jetzigen Zeiten der politischen größten Not und Ratlosigkeit auf die Regierung. Das ist ein untrüglicher Beweis dafür, daß wir politisch noch wenig davon ergriffen haben, was die Amerikaner mit Lincolns Parole: „Alles durch das Volk und aus dem Volk und für das Volk" meinen. Trotz oberflächlicher Denkungsweise und mechanischer Schulung gibt es in Amerika mehr Menschen, die es als segensreich für den Staat ergriffen haben, daß jeder Einzelne sich verantwortlich weiß und nach dem Höchsten ringt, „daß jeder sich für sein Dorf, für seine Stadt, für sein Reich, für die Menschheit verantwortlich fühlt und aus freier Initiative mitwirkt, daß alles besser werde".

Das versteht der Amerikaner, der die Zusammenhänge erfasst und über mechanisches Denken und Schulung durch Schlagworte sich erhebt, unter Demokratie. Mit diesem Geist der Demokratie müssten sich auch die Deutschen aussöhnen und befreunden, die aus konservativen und aristokratischen Lagern kommen. Er tut uns in Deutschland bitter not. Er ist nicht abhängig von der Frage der Staatsform. Auch in monarchischen Staaten kann der gesunde demokratische Geist, der Geist der Verantwortlichkeit und der freien Mitwirkung aller im Staat regieren. Das ist nicht identisch mit dem Programm einer Partei, die sich den Namen „demokratisch" in besonderer Weise beilegt und die durch engen Parteistandpunkt und philisterhafte Unproduktivität viel dazu beigetragen hat, daß der Begriff „demokratisch" missverstanden und verhasst worden ist. Der Geist ist vereinbar mit einem Berufsbeamtentum, wie wir es in Deutschland gerade durch die Erfahrungen der Revolution als segensreich und unentbehrlich erkannt haben, wenn anders dies Beamtentum sich frei von falschem Bureaukratismus hält und sozial empfindet. Dieser Geist kann sich zu vollem Segen für ein Volk nur in einem Staat entwickeln, dessen Regierung die Macht in der Hand hat, um den wahren Volkswillen zur Geltung zu bringen. Deutsche und Amerikaner können viel voneinander lernen. Der Amerikaner braucht gern von den Dingen, die seinem Staat, seinem Volk, der von ihm vertretenen Organisation gehören, seiner Initiative entspringen und durch seine Bemühungen groß geworden sind, den Superlativ. Das alles ist dann immer „the greatest in the world" , „the most striking in the world".Und wenn er selbstbewusst das Wort „world" ausspricht, dann rollt er seine Zunge im Gehege seiner Zähne zu ganz besonderem Kraftgurgellaut und sieht sich siegesbewusst um, wer zu widersprechen wagt. Nun könnte man's getrost in manchem wagen, zu widersprechen; denn es ist öfter mit der unvergleichlichen Größe nicht so weit her und ist die Übertreibung bei sonst wahrheitsliebenden Menschen nur daraus erklärlich, daß die Amerikaner in fast kindlicher Naivität Vergleichsobjekte zu den Größen ihres Landes nicht kennen.

Aber vor einem werden wir stumm, das ist wirklich das größte in der Welt. Das ist der Niagara mit seinem Riesenfall. Hier bleiben alle Vorstellungen hinter der Wirklichkeit zurück. Hier überkommt uns das Gefühl der menschlichen Ohnmacht und Kleinheit gegenüber der Naturgewalten unbezwingbarer Majestät. Man kann trotz stundenlangen Hineinstarrens in die stürzenden Fluten das Wunder gar nicht fassen. Der gewaltige Felsenhalbkreis mit einem Umfang von Kilometern, über den der breite, volle Fluß in die Tiefe donnert, ist zu groß und beirrt das Auge. Es kann nicht mit ihm fertig werden und muss immer wieder Abstand nehmen. Nur ganz allmählich gewöhnt es sich an die übernatürliche Masse, und man kann aus der Erstarrung zu Bewunderung und Freude kommen. Alljährlich brachten die Indianer dem Flußgott ihr Menschenopfer. Die schönste Tochter des Volkes wurde auserlesen und festlich geschmückt, in einem kleinen Boot trieb sie, in stolzem Martyrium aufrecht stehend, den Fluß hinab, dem grausamen Fall zu. Über den Wasserhang stürzte das Boot, und der junge Leib schlug auf die Felsen im Grunde und zerschellte. Das Opfer verschwand im Gischt, der als dichter weißer Nebel das Talbecken füllt. Wenn die Sonne hineinscheint, umspannen ihn Regenbogen in tiefsten, leuchtendsten Farben. Die Jahrtausende sind ins Land gegangen, die Urbevölkerung ist verdrängt, neuzeitliches Leben ist um den riesigen Opferraum erwachsen, die lebendige Urkraft ist unbesiegt geblieben. So kommen und stürzen die Geschlechter der Menschen und vergehen, und die Zeit geht grausam über sie hinweg, „und ihre Stätte kennt man nicht mehr".

Die Naturkraft ist so riesengroß, daß die Menschen von ihr in weitem Umfange zehren können, ohne daß eine Einschränkung in die Erscheinung träte. Als man hörte, daß die Niagarafälle für die Erzeugung von Elektrizität in Anspruch genommen würden, fürchtete man, daß das Naturbild geschmälert und verunglimpft sein könnte. Das ist aber nicht der Fall. An der kanadischen Seite ist ein gewaltiges Kraftwerk angelegt, aber die Ablenkung der erforderlichen Wassermassen im Verhältnis zur gesamten Flußbreite ist so gering, daß man die Wirkung nicht wahrnimmt. Die baulichen Anlagen sind so wundervoll der Umgebung angepasst, daß das Auge nicht gestört wird. Hier hat der Menschengeist von der Natur geliehen, aber ihr Platz gelassen in Ehrfurcht vor ihrer Größe und Schönheit. Dies Zusammenwirken ist eine der nachhaltigsten Erinnerungen des Besuches im Lande der unbegrenzten Möglichkeiten. Das war „the greatest in the world".

Von den Niagarafällen ist es nach amerikanischen Begriffen nicht weit nach Newyork. Wenn man früh um halb 8 Uhr mit der „New York Central and Hudson River Railway" abfährt, ist man abends um 10 Uhr im Hotel in der Hauptstadt. Im Astor-Hotel am Broadway erlebten wir eine freudige Überraschung. Der Besitzer, ein Süddeutscher namens Muschenheim, bat, uns während unseres Aufenthaltes in Newyork als seine Gäste betrachten zu dürfen. Es half kein Sträuben. Er stellte uns eine ganze Suite von Räumen zur Verfügung, und jeder Wunsch fand Erfüllung, auch wenn er unausgesprochen, nur erraten werden könnte. Das Hotel ist wegen seines vorzüglichen Betriebes auch während des Krieges, trotz seines deutschen Charakters, stets voll besetzt gewesen.

In der Erinnerung an Newyork fällt mir der Sinnspruch ein, der an der Jahrhundertwende im Rückblick auf das 19. Säkulum bei einem Ausschreiben preisgekrönt wurde. Er lautete: „Licht dein Erwerb, Unruh' dein Erb',". Licht ist das herrlichste Geschenk der Natur. Die quälendsten Gedanken unruhiger Nächte werden entspannt, wenn die Frühsonne ihr strahlendes Licht verbreitet. Das Böse verkriecht sich beim Aufflammen des Lichts. Vom natürlichen Licht nehmen wir Vorstellung, Verständnis und Erleuchtung in der Gedankenwelt, für Befreiung von Irrtum und Wahn, für Vorahnung und Erfassung der Ewigkeit im Glauben. Nach ihm sehnte sich Goethe in der Sterbestunde, und Christus konnte nichts Herrlicheres von sich sagen, als das große Wort: „Ich bin das Licht der Welt". Die Menschen haben der Natur die Herrschaft über das Licht aus der Hand genommen. Der

Vollmond, wenn er versucht, sein Licht bis in die Lichtkreise des Broadway hineinzusenken, ist ein kläglicher Geselle, jede Bogenlampe sticht ihn aus. Es flirrt und grellt von Licht, und die Augen werden angegriffen und schmerzen vom Anschauen der plötzlich auftauchenden und wieder verschwindenden Räder und Pfeile und Gläser und Tüten und Schriftzeichen, die auf den Dächern und vor den Fassaden der Häuser erscheinen und anlocken sollen. Die zahllosen Kinos suchen eins das andere durch Lichtfülle zu überbieten, um die Nachtfalter zu fangen. Die Scheinwerfer im Hafen verfolgen und begrüßen die aus- und einfahrenden Schiffe weit hinaus. „Unruh' dein Erb'!" Das Herz sehnt sich heraus aus dem Künstlichen ins Natürliche, aus dem Unruhigen ins Friedliche, aus dem Schein in das Sein. Das Ziel ist heimwärts.

Ich sehnte mich heim nach der Not meines Vaterlandes, wie der Sohn nach Hause drängt, wenn er weiß, die Mutter liegt im Sterben. Wir hatten gehofft, auf einem Dampfer des Norddeutschen Lloyd die Rückreise antreten zu können. Aber meine Krankheit in Japan hatte eine Verspätung der Rückreise gebracht, und wir mußten Plätze auf dem „George Washington" nehmen. Das stolze Schiff war deutsch gewesen. Nun war es den Vereinigten Staaten ausgeliefert. Die Kriegsgewinner brauchten sich nicht einmal Mühe zu geben, den Namen zu ändern, denn Deutschlands übertriebene internationale Höflichkeit hatte vor dem Kriege einem deutschen Schiffe den Namen des amerikanischen Staatsmannes gegeben. Mehrere der amerikanischen Fahrgäste wussten gar nicht, daß wir auf einem Stück losgerissenem Deutschland fuhren.

Die Reise dauerte 10 Tage und verlief glatt. Portsmouth von englischer Seite und Cherbourg von französischer Seite wurden angelaufen, und am 25. Juli 1922, mittags 1 Uhr, waren wir vor Bremerhaven. Das riesige Schiff wurde in die Schleusen bugsiert; aber wir brauchten noch 2 Stunden, um gegen den heftigen, auf die Schiffswand drückenden Wind die Taue festzumachen. Dann konnten wir deutschen Boden betreten, von einem der Schwiegersöhne und dem Kapitän König, dem ruhmreichen Führer des ersten Unterseeboots, das während des Krieges nach Amerika fuhr, begrüßt. Wir erfuhren, daß die ganze Familie daheim in Saarow mit Kindern und Enkeln wohlauf sei und auf unsere Rückkehr wartete. Durch Schneefelder war der Weg hinausgegangen. Jetzt standen die Roggenmandeln auf den Feldern, und breiter Sonnenschein lag über dem Scharmützelsee.

Noch lebte Deutschland, noch brachte das Land seine Frucht ein, noch kämpfte das Volk gegen Vergewaltigung und Verfall. Nach kurzer Ruhe galt es, wieder in die Reihen derer einzutreten, die das Lügenwerk zerhauen und den Neubau aufführen helfen wollen. Die Wogen der Not gehen höher und höher. Wird der letzte innere Ringdeich halten? Wenn jeder das Eine erkennte, was not tut, und wenn jeder, Regierende und Regierte, selbstlos und opferbereit auf seinem ihm gewiesenen Platz stünde!

Regierungsführung Deutsches Reich

Deutsches Kaiserreich

Name	Amt	Amtszeit
Fürst Otto von Bismarck (1815 - 1898)	Reichskanzler	16.04.1871 - 20.03.1890
Graf Leo von Caprivi (1831-1899)	Reichskanzler	20.03.1890 - 26.10.1894
Fürst Chlodwig zu Hohenlohe-Schillingsfürst (1819 - 1901)	Reichskanzler	29.10.1894 - 17.10.1900
Fürst Bernhard von Bülow (1849 - 1929)	Reichskanzler	17.10.1900 - 14.07.1909
Theobald von Bethmann-Hollweg (1865 - 1921)	Reichskanzler	14.07.1909 - 13.07.1917
Georg Michaelis (1857 - 1936)	Reichskanzler	14.07.1917 - 01.11.1917
Graf Georg von Hertling (1843 - 1919)	Reichskanzler	01.11.1917 - 30.09.1918
Prinz Max von Baden (1867-1929)	Reichskanzler	03.10.1918 - 09.11.1918

Weimarer Republik

Name	Amt	Partei	Amtszeit
Friedrich Ebert (1871 - 1925)	Reichskanzler	SPD	09.11.1918 - 10.11.1918
	Vorsitzender des Rates der Volksbeauftragten		10.11.1918 - 11.02.1919
Hugo Haase (1863 - 1919)	Vorsitzender des Rates der Volksbeauftragten	USPD	10.11.1918 - 29.12.1918
Philipp Scheidemann (1865-1939)	Vorsitzender des Rates der Volksbeauftragten	SPD	29.12.1918 - 07.02.1919
	Reichsministerpräsident		13.02.1919 - 20.06.1919
Gustav Bauer (1870-1944)	Reichsministerpräsident	SPD	21.06.1919 - 14.08.1919

Name	Amt	Partei	Amtszeit
Konstantin Fehrenbach (1852 - 1926)	Reichskanzler	Zentrum	25.06.1920 - 04.05.1921
Joseph Wirth (1879 - 1956)	Reichskanzler	Zentrum	10.05.1921 - 22.10.1921 und 26.10.1921 - 14.11.1922
Wilhelm Cuno (1876 - 1933)	Reichskanzler	parteilos	22.11.1922 - 12.08.1923
Gustav Stresemann (1878 – 1929)	Reichskanzler	DVP	13.08.1923 - 03.10.1923
Wilhelm Marx (1963 - 1946)	Reichskanzler	Zentrum	06.10.1923 - 30.11.1923
Hans Luther (1879 - 1962)	Reichskanzler	parteilos	15.01.1925 - 5.12.1925 und 20.01.1926 - 12.05.1926
Otto Geßler (1875 - 1955)	Reichskanzler	DDP	12.05.1926 - 17.05.1926
Wilhelm Marx (1863 - 1946)	Reichskanzler	Zentrum	17.05.1926 - 17.12.1926 und 19.01.1927 - 12.06.1928
Hermann Müller (1876 - 1931)	Reichskanzler	SPD	28.06.1928 - 27.03.1930
Heinrich Brüning (1885-1970)	Reichskanzler	Zentrum	30.03.1930 - 07.10.1931
Franz von Papen (1879 - 1969)	Reichskanzler	Zentrum	01.06.1932 - 17.11.1932
Kurt von Schleicher (1882 - 1934)	Reichskanzler	parteilos	04.12.1932 - 28.01.1933

Nationalsozialismus

Name	Amt	Partei	Amtszeit
Adolf Hitler (1889 - 1945)	Reichskanzler	NSDAP	30.01.1933 - 31.07.1934
	Führer und Reichskanzler		01.08.1934 - 30.04.1945
Joseph Goebbels (1897 - 1945)	Reichskanzler	NSDAP	30.04.1945 - 01.05.1945
Johann Ludwig Graf Schwerin von Krosigk (1887 - 1977)	Leiter der Geschäftsführenden Reichsregierung	parteilos	02.05.1945 - 05.06.1945

In der Reihe *Deutsches Reich – Schriften und Diskurse: Reichskanzler* ist bereits erschienen:

Bd. I/I
Otto Fürst von Bismarck, der erste Reichskanzler Deutschlands. Ein Lebensbild
Autor: Bernhard Rogge
ISBN (HC):   978-3-86347-036-4
     (PB):   978-3-86347-035-7
     (eBook): 978-3-86347-133-0

Bd. I/IV
Otto Fürst von Bismarck. Bismarcks Briefwechsel mit dem Minister Freiherrn von Schleinitz 1858-1861
Autor: Otto von Bismarck
ISBN (HC):   978-3-86347-188-0
     (PB):   978-3-86347-189-7

Bd. II/I
Leo Graf von Caprivi. Die Reden des Grafen von Caprivi
Autor: Leo Graf von Caprivi (Hrsg. Rudolf Arndt)
ISBN (HC):   978-3-86347-146-0
     (PB):   978-3-86347-147-7
     (eBook): 978-3-86347-176-7

Bd. II/II
Leo Graf von Caprivi. Bismarcks Kampf gegen Caprivi
Autor: Julius von Eckardt
ISBN (HC):   978-3-86347-153-8
     (PB):   978-3-86347-154-5
     (eBook): 978-3-86347-156-9

Bd. III/I
Chlodwig Fürst zu Hohenlohe-Schillingsfürst. Zu seinem hundertsten Geburtstag
Autor: Friedrich Curtius
ISBN (HC):   978-3-86347-090-6
     (PB):   978-3-86347-089-0
     (eBook): 978-3-86347-132-3

Bd. IV/I
Bernhard von Bülow - Deutsche Politik
Autor: Bernhard von Bülow
ISBN (HC):   978-3-86347-096-8
     (PB):   978-3-86347-095-1
     (eBook): 978-3-86347-121-7

Bd. V/I
Theobald von Bethmann Hollweg - der fünfte Reichskanzler
Autor: Gottlob Egelhaaf
ISBN (HC): 978-3-86347-088-3
    (PB): 978-3-86347-087-6
    (eBook): 978-3-86347-129-3

Bd. VI/I
Georg Michaelis - Für Staat und Volk. Eine Lebensgeschichte
Autor: Georg Michaelis
ISBN (HC): 978-3-86347-092-2
    (PB): 978-3-86347-091-3
    (eBook): 978-3-86347-131-6

Bd. VII/I
Georg von Hertling - Recht, Staat und Gesellschaft
Autor: Georg von Hertling
ISBN (HC): 978-3-86347-094-4
    (PB): 978-3-86347-093-7
    (eBook): 978-3-86347-082-1

Bd. VIII/I
Prinz Max von Baden - Erinnerungen und Dokumente
Autor: Prinz Max von Baden
ISBN (HC): 978-3-86347-086-9
    (PB): 978-3-86347-085-2
    (eBook): 978-3-86347-136-1

Bd. VIII/II
Prinz Max von Baden - Die moralische Offensive. Deutschlands Kampf um sein Recht
Autor: Prinz Max von Baden
ISBN (HC): 978-3-86347-084-5
    (PB): 978-3-86347-083-8
    (eBook): 978-3-86347-203-0

Jeder Titel der Reihe erscheint im SEVERUS Verlag in zwei Ausgaben:

Hardcover (HC)   Paperback (PB)

Bei offenen Fragen, Anregungen oder Wünschen kontaktieren Sie uns gern:

SEVERUS Verlag
Hermannstal 119 k • D-22119 Hamburg • Fon: +49 - (0)40 - 655 99 2-0
Fax: +49 - 0)40 - 655 99 2-22 • kontakt@severus-verlag.de

www.severus-verlag.de